あなたの
障害年金は
診断書で
決まる！

白石美佐子、中川洋子＝著

公益社団法人
全国精神保健福祉会連合会＝監修

中央法規

✳ はじめに

　あなたは障害年金を適切に受給するための最も重要なポイントをご存知でしょうか？

　最も重要なポイント。それはズバリ、医師が作成する「診断書」です。本書では、その診断書を依頼するとき、そして受け取ってから内容を確認するときのポイントをていねいに紹介しています。障害年金の対象である障害の状態の方が、障害年金を適切に受給するための肝の部分を知っていただけると思います。

　この本が立脚しているところは、「ポイントをつかむ」ことです。身近に感じられるものに置き換えると、たとえば、これからダイエットを始めようと考えている人は、まずインターネットで検索したり本を買ったりして、ダイエットの方法やコツを見つけ出そうとするはずです。あるいは、進学を目指して受験勉強を始めようとしている人は、目標とする学校の入学試験の傾向を知るために、過去に出題された問題の攻略に取り組む人も多いはずです。そして、ダイエットにしても受験勉強にしても、取り組みのなかで、自分が努力している方向性が合っているのか間違っているのかを時々立ち止まって確認するものだと思います。何事にせよ、何かに取り組むためには、情報を得てそのポイントをつかむことは必須でしょう。

　目的のために情報を得るという点では障害年金も同じです。そして、ダイエットや受験勉強と同様に実は生活に密着している障害年金は、国が定める公的な年金です。ただし、一定の保険料を納めてきた人が 65 歳になったら受給できる老齢年金のように、手続きさえすれば受け取れるわけではありません。「障害年金を請求したのですが、不支給の通知が届きました」と落胆した姿でご相談に来られる方があとを絶ちません。

また、医療機関から受け取った診断書を持参され、「どうしても障害年金を受けたいんです」とご相談に来られる方もいらっしゃいます。そのなかには、病状が重いため就労できず、自閉した生活が続いているにもかかわらず、どう見ても障害認定には届かない内容の診断書もあります。「そこを白石さんの力で何とか」と言われ、困り果てることもあります。

　障害年金は書類審査です。日々の暮らしがどんなにつらいものであっても、診断書からそれを読み取ることができなければ、認定診査を行う側にそのつらさは伝わりません。障害年金は、診断書の内容で受給できるかできないかが大きく左右されてしまいます。

　診断書のポイントを理解する。それが障害年金の適切な受給の近道であることは、これまでの経験から確実に言えることです。本書は、障害年金を受給できるかわからない、そんな不安を少しでも取り除くために、そして障害年金の請求手続きを着実に行えるように、診断書にポイントを絞って作成した本です。

　本書を手にされた皆さんが、ここに書かれている内容を十分に活用して、障害年金を受給されることを心から祈っています。

2019 年 7 月　社会保険労務士　白石美佐子

❋ 刊行にあたって

　精神障害の障害年金の請求や支給継続の手続きについては、情報が不足しているために、「これでいいのかな？」「こんなこと言われてもよくわからない」と不安を抱えながら申請している方が多くいらっしゃいます。本来であれば受給できる障害の状態であるのに、書類の記載不備等による返却や予想だにしなかった不支給、また等級落ちをする例も少なくありません。当会の会員である精神障害の当事者や家族の方々からも、そうした声を受け取ってきました。

　その声に応える形で、当会発行の「月刊みんなねっと」では、社会保険労務士の白石美佐子さんにご協力いただき、2年間（2017年4月～2019年3月）にわたり、障害年金について連載していただきました。今回の書籍化にあたっては、同じく社会保険労務士の中川洋子さんにもご協力いただき、連載記事をもとに障害年金の請求に役立つさまざまな情報や知識を盛り込み、再編を行いました。

　障害年金について正しい知識を持つことは、書類の不備による手続きのやり直しや不支給、等級落ちといった望まない結果を防ぐことにもつながります。

　本書を手にされた皆さんが、主治医や支援者の方と情報を共有しながら、障害年金を適正に受給していただければ幸いです。

　当会では、専門職ではなく、専任の家族相談員による電話相談も受け付けています。何かの際には、お気軽にお電話ください。
【みんなねっと電話相談室　03-6907-9212　毎週水曜10～15時】

2019年7月

公益社団法人全国精神保健福祉会連合会（みんなねっと）
事務局長　小幡恭弘

 目次

はじめに
刊行にあたって

第1章　手続きの基本と困ったときの対処法　　7

請求するとき
① 障害年金って何？ 8
② どんな病気や障害が対象なの？ 12
③ 認定されやすい病気やけがはあるの？ 16
④ 金額はどのくらいなんですか？ 18
⑤ 認められる条件ってあるの？　3つのハードル 21
⑥ 保険料の納付要件がないと言われたら… 30
⑦ 傷病手当金を受けています。障害年金は請求できますか？ 34
⑧ 手続きに必要な書類を教えて！ 36
⑨ 初診日がわからないときはどうしたらいいの？ 44
⑩ 診断書は何部必要ですか？ 50
⑪ 診断書は開封して見てもいいの？ 53
⑫ 受給できるか不安です…　認定のしくみを教えてください。 56

結果が出てからと更新するとき
⑬ 障害年金はいつから受け取れるの？ 60
⑭ えっ、不支給!?　却下!?　どうしたらいいの？ 62
⑮ 病状が悪化したら障害等級は変えられますか？ 68
⑯ 更新するときは何に気をつけたらいいの？ 73
⑰ 更新時に等級が下がってしまった。どうしたら… 79
⑱ 直近の制度改正について教えてください。 81

第2章 よくある事例の分かれ道 ツボはここ！ *85*

- Case 01 実態と診断書の内容にずれを感じたら ……… *86*
- Case 02 神経症だと認定されない？ ……… *91*
- Case 03 夫婦で障害年金を受けられますか？ ……… *95*
- Case 04 カルテがない！20歳前障害の場合 ……… *99*
- Case 05 カルテがない！20歳後障害の場合 ……… *105*
- Case 06 働いていたら障害年金は受けられない？ ……… *111*
- Case 07 一人暮らしは要注意！ ……… *116*
- Case 08 知的障害者はIQが50を超えていると受給できない!? ……… *121*

第3章 押さえておこう！ 診断書の確認ポイント *125*

1. 診断書を依頼するときに気をつけたいこと ……… *126*
2. 障害別・確認ポイント ……… *130*
   - **精神の障害用** ……… *130*
     - (1) 統合失調症、うつ病、躁うつ病 ……… *131*
     - (2) 知的障害 ……… *146*
     - (3) 広汎性発達障害 ……… *156*
   - **肢体の障害用** ……… *166*
     - (4) 脳血管障害 ……… *167*

資料　障害年金・認定記載事例（診断書）　　　*181*

- 統合失調症　　　　　　　　　　　　　　　　　　*182*
- 知的障害　　　　　　　　　　　　　　　　　　　*188*
- 広汎性発達障害　　　　　　　　　　　　　　　　*194*
- 脳梗塞　　　　　　　　　　　　　　　　　　　　*200*
- 脳内出血　　　　　　　　　　　　　　　　　　　*206*

おわりに

著者紹介

第1章

手続きの基本と
困ったときの対処法

障害年金の手続きで

大切なのはポイントを押さえることと、

困ったときにどう対処したらよいかを

知っていることです。

それらを簡潔にご紹介します。

障害年金って何？

 障害年金は老齢年金の仲間です

　世の中で「年金」というと、「高齢者になったら支給されるお金（老齢年金）」と思われています。街の喫茶店で楽しげな年配グループが、「年金が少ない！」という話で盛り上がっている姿もよくお見かけします。

　一方、若者にとってはまったくの他人事かもしれません。「保険料ばかり取られて、自分には関係のないもの」と思われがちです。でも、そんなことはありません。現役世代でも受けられる年金があります。その一つが障害年金です。

　私たちは20歳になると、国民年金という名の年金制度に必ず入ることになっています。あらかじめ保険料を払うことによって、将来起こるかもしれない事故に備えて、その事故に直面してしまったときに守ってくれるシステムです。

　皆さんがイメージしやすい例としては、高齢になって仕事ができなくなったときに収入を失うことです。収入を失えば、たちまち生活が不安定になります。だから、自分が若いときは、そのときのお年寄りの生活の安定を支える。そして、自分が高齢者になったときは、そのときの若者が自分の生活を支えてくれる。そのようにして、みんなで支え合う制度が「公的年金制度」です。

請求するとき ①

でも、長い人生のなかで生活が不安定になるのは、高齢者になったときに限りません。現役世代であっても、「一家の大黒柱が亡くなり、収入を失ったとき」や「病気やケガで身の回りのことや仕事に支障が生じたとき」は、生活は不安定になります。本人の努力だけではどうにもならない状況もあります。そのときもまた、「みんなで支え合う制度」が私たちの生活の安定を守ってくれます。それが遺族年金や障害年金です。現在、約7000万人の現役世代の保険料と税金が約4800万人の年金を支えています。

このように、公的年金の給付には老齢年金、遺族年金、障害年金の3種類があります。障害年金は老齢年金の仲間です。でも、障害年金は受給者が老齢年金の20分の1という規模の小ささもあり、受給要件に見合う対象者にも十分には知られていないのが実情です。

請求しないと始まりません

　この3つの年金制度を利用するために共通しているのは、**請求手続きを行わなければならない**ことです。これをすることなしに、自動的に年金が口座に振り込まれることはありません。さらに、この手続きが遅れてしまうと、あとから気づいても受けられないことがあります。

　ですから、必ず適切な時期に手続きを行わなければならないのですが、そのタイミングは誰が教えてくれるのでしょうか。年金ごとに特徴があります。それを図にしてみましょう。

年金請求の時期を知るタイミング

請求手続きが遅れると受け取れないことがあります

手続きを行わないと、障害年金はスタートしません。たとえば、障害基礎年金2級の場合、1か月手続きが遅れると約65000円を失うことになります(遡れる方を除く)。1年遅れれば約80万円、10年遅れれば約800万円、20年遅れれば約1600万円の損失です。

障害年金の支給開始は、請求した月単位で決まるので、書類ができあがっているなら、月末までに提出したいものです。月をまたいで翌月の提出になると、支給の開始は1か月遅れます。

社会保険労務士の仕事

障害年金の請求に必要な書類を揃えるのが困難な人などに代わって手続きを行えるのが社会保険労務士(以下、社労士)です。主な費用の成功報酬は、一般的に①年金月額の2～3か月(約13万～20万円)、②遡った場合の一時金の10～20%、のどちらか高いほうです。これは成功(支給決定)しなければ発生しません。

社労士によって着手金の有無など費用が違いますので、契約前に必ず確認しましょう。

どんな病気や障害が対象なの？

  対象となる傷病は広範です

　障害年金は、病気やけがによって生活に何らかの支障が生じている状態に対して支給される年金であり、対象としている傷病も広範です。主な傷病は以下のとおりです。

▶障害年金の対象となる主な傷病（一例）

眼	ブドウ膜炎、ゆ着性角膜白斑、緑内障、白内障、眼球萎縮、網膜脈絡膜萎縮、網膜色素変性症脳腫瘍　先天性弱視　黄斑変性症　視神経萎縮　小眼球症
聴覚	感音性難聴、突発性難聴、神経性難聴、メニエール病、頭部外傷または音響　障害による内耳障害、薬物中毒による内耳障害
鼻腔	外傷性鼻科疾患
そしゃく、嚥下機能、言語機能	咽頭摘出術後遺症、上下顎欠損、咽頭腫瘍、咽頭がん、脳血管障害による言語障害
肢体	くも膜下出血、脳梗塞、脳出血、上肢または下肢の離断または切断障害、重症筋無力症、上肢または下肢の外傷性運動障害、脳軟化症、関節リウマチ、変形性股関節症、ビュルガー病、進行性筋ジストロフィー、脊髄損傷、脳卒中、脳脊髄液減少症、線維筋痛症、糖尿病性壊死、先天性股関節脱臼、全身性エリテマトーデス、多発性硬化症、ギランバレー症候群、もやもや病、低酸素脳症

精神	そううつ症、老年及び初老期痴呆、統合失調症、脳動脈硬化症に伴う精神病、てんかん性精神病、頭蓋内感染に伴う精神病、その他の老年性精神病、アルコール精神病、広汎性発達障害、高次脳機能障害、若年性アルツハイマー病、ダウン症候群
呼吸器疾患	気管支喘息、肺結核、慢性気管支炎、じん肺、膿胸、肺線維症
心疾患	慢性心包炎、冠状動脈硬化症、リマウチ性心包炎、慢性虚血性心疾患、狭心症、僧帽弁閉鎖不全症、大動脈弁狭窄症、心筋梗塞
高血圧	高血圧性腎疾患、悪性高血圧、高血圧性心疾患
腎疾患	ネフローゼ症候群、慢性糸球体腎炎、慢性腎炎、慢性腎不全
肝疾患	肝癌、肝炎、多発性肝膿瘍、肝硬変
糖尿病	糖尿病、糖尿病性と明示された全ての合併症
その他	がん、HIV感染症、クローン病、化学物質過敏症、日光過敏症、難病、臓器移植、慢性疲労症候群、脳脊髄液減少

 認定のされやすさは傷病により異なります

ただし、傷病により認定のされやすさ、されにくさがあります。更新時に等級が下がったり不支給と判定されたりなど、変化の起こりやすさも傷病により違いがあります。

近年は特にうつ病や発達障害など、精神の障害で障害年金の請求手続きが行われるケースが多いこと、また精神障害領域の傷病は請求をめぐる困難も多いことをふまえ、ここでは精神の障害を中心にみていきます。

 認定されにくい傷病を知っておきましょう

障害年金の請求手続きにおいて、認定にかかわる最も重要な書類

は、医師が作成する診断書になります。障害年金の請求に使用される診断書は8種類あり、精神の障害で請求する場合は「精神の障害用」が用いられます。

　診断書の書式には、障害の原因となった傷病名とICDコードが記載される欄があります。ICDは、「疾病及び関連保健問題の国際統計分類」のことで、異なる国、地域の死因や疾病の統計調査に基づいて、世界保健機関（WHO）が公表している疾病の分類です。

　そのなかで、障害年金の診査で認定されにくい傷病があります。以下のICD10コードです（診断書①欄の（　）を確認しましょう）。

　F4：神経症性障害、ストレス関連障害および身体表現性障害

　F5：生理的障害および身体要因に関連した行動症候群

　F6：成人のパーソナリティおよび行動の障害

　F4の神経症といわれる傷病については、原則として障害年金の対象にしないとされています。障害年金の認定基準となる国民年金・厚生年金障害認定基準（以下、障害認定基準）には、「神経症にあっては、その症状が長期間持続、一見重篤なものであっても、原則として、認定の対象とならない。ただし、その臨床症状から判断して精神病の病態を示しているものについては、統合失調症または、気分（感情）障害に準じて取り扱う」と示されています。

　ICD10コードF4のなかで、比較的よくみられる傷病は、不安障害、強迫性障害、適応障害、解離性（転換性）障害、身体表現性障害などです。

神経症でも認定される可能性はある

　診断書①欄の傷病名が神経症であるのか、精神病であるのか、この違いが認定の対象になる、ならないの分かれ目になっています。

　ただし、これは「原則として」であり、「例外もある」ということです。精神の障害用の診断書の記載にあたっては、注意事項として、神経症圏の傷病名の場合、精神病態がみられるときは、診断書の備考欄にその病態のICD10コードを記入するよう示されています。認定にかかわるため、医師に確認の上、該当するのであれば記載していただくとよいでしょう。

医師や時間の経過で傷病名が変わっていく!?

　日頃、本人や家族の相談を受けているなかで、精神の障害は担当する医師により傷病名が変わることが多いと感じています。

　今まで適応障害と診断されていたのが、転院後に病名がうつ病や躁うつ病に変わったというのはよくある話です。症状は日々変化するので、各医師の判断が時間の経過とともに変わるのは自然のことです。

　当初に強迫性障害と診断されていたものが統合失調症へ診断が変わる例も時々あります。ある医師によると、それは稀なケースではないとのことで、そうなると、強迫性障害では診査の土俵にすらあがれなかったのが統合失調症で一変するという、天と地の差になります。

　神経症圏の傷病である場合は、主治医に相談し、注意しながら手続きを進めていってほしいと思います。

③ 認定されやすい病気やけがはあるの？

▶▶▶ 傷病によっては早期に手続きを進められます

　体調不良から初めて医療機関を受診した日（初診日）に病状が重い状態であったとしても、初診日から1年6か月を経過していないと、障害年金の請求手続きは原則として行えません。

　ただし、この間に傷病が治った日（症状固定日）に該当した場合は、手続きを行うことができます。たとえば、障害年金の請求に用いられる肢体の障害用診断書の書式には、「症状が固定して治療の効果が期待できない状態を含む」として、傷病が治ったかどうかが記載される項目があります。この欄を記入することによって、初診日から1年6か月を経過せずに障害年金を請求できる傷病もあります。

▶▶▶ 症状固定なら、ほぼ認定されます

　ここに望みをかけたいところですが、実際には症状が固定していても、変化する可能性が考えられるものについては症状が固定したとは認められません。「治った（症状固定）」とされる主な傷病は、次頁のとおりです。

請求するとき ③

▶「治った（症状固定）」とされる主な傷病

障害	施術	障害認定日
聴覚等	咽頭全摘出	咽頭全摘出日
肢体	人工骨頭、人工関節を挿入置換	挿入置換日
肢体	切断または離断による肢体の障害	切断または離断日（障害手当金は創面治癒日）
肢体	脳血管障害による機能障害	初診日から6か月を経過した日以後
呼吸	在宅酸素療法	開始日（常時使用の場合）
循環器（心臓）	人工弁、心臓ペースメーカー、植え込み型除細動器（ICD）	装着日
循環器（心臓）	心臓移植、人工心臓、補助人工心臓	移植日または装着日
循環器（心臓）	CRT（心臓再同期医療機器）、CRT-D（除細動器機能付き心臓再同期医療機器）	装着日
循環器（心臓）	胸部大動脈解離や胸部大動脈瘤より人工血管（ステントグラフトも含む）を挿入置換	挿入置換日
腎臓	人工透析療法	透析開始日から起算して3か月を経過した日
その他	人工肛門造設、尿路変更術	造設日又は手術日から起算して6か月を経過した日
その他	新膀胱造設	造設日
その他	遷延性植物状態（遷伸性意識障害）	その状態に至った日から起算して3か月を経過した日以後

④ 金額は
どのくらいなんですか？

障害基礎年金、障害厚生年金の支給額

　相談を受けるなかでいちばん多い質問は、「障害年金っていくらなんですか？」です。お金は生活に直結していますから、気になるところだと思います。

　障害基礎年金は定額です。1年で受け取れる金額は、障害等級1級が約97万円（月額約81,000円）、2級が約78万円（月額約65,000円）です。また、子がいる場合は子加算があります。

　障害厚生年金は、1級から3級にそれぞれの計算式があり、障害手当金もあります。1級または2級に該当する人は、障害基礎年金も受けられます。家でたとえるなら、障害基礎年金が平屋建て、障害厚生年金が2階建てです。

手続きの基本と困ったときの対処法

請求するとき
④

　障害厚生年金の場合は、収入によって報酬比例部分の金額が違ってきます。1級は、2級の25％増しとなります。配偶者がいる人は、配偶者加算がつきます。

▶障害年金の支給額

障害の程度	年金・手当金の金額	
	障害基礎年金	障害厚生年金・障害手当金
1級	約97万円 ＋（子の加算額）	*報酬比例の年金額×1.25 　　　＋（配偶者の加給年金額）
2級	約78万円 ＋（子の加算額）	*報酬比例の年金額 　　　＋（配偶者の加給年金額）
3級	—	*報酬比例の年金額 　約58万円に満たないときは、 　　　　　　　　　　約58万円
障害手当金 （一時金）	—	*報酬比例の年金額×2 　約117万円に満たないときは、 　　　　　　　　　約117万円

*報酬比例の年金額＝A＋B…原則的な計算方法

A：平成15年3月以前の加入期間の金額

　　平均標準報酬月額[※1] × $\dfrac{7.125}{1000}$ × 平成15年3月までの加入期間の月数[※3]

B：平成15年4月以降の加入期間の金額

　　平均標準報酬額[※2] × $\dfrac{5.481}{1000}$ × 平成15年4月以降の加入期間の月数[※3]

※1　平均標準報酬月額……平成15年3月以前の標準報酬月額の総額を、平成15年3月以前の加入期間で割って得た額です。
※2　平均標準報酬額………平成15年4月以降の標準報酬月額と、標準賞与額の総額を平成15年4月以降の加入期間で割って得た額です。
※3　加入期間の月数………加入期間の合計が、300月（25年）未満の場合は、300月とみなして計算します。また、障害認定日がある月後の加入期間は、年金額計算の基礎となりません。

■ 子の加算について

　加算の要件は、受給権者によって生計維持されている、以下の①または②に該当する場合です。① 18 歳到達年度末日（3 月 31 日）までの子、② 20 歳未満で障害年金の障害等級 1 級または 2 級の子。
・1人目、2人目：1人につき年額約 22 万円（月額約 18000 円）
・3人目以降：1人につき年額約 74000 円（月額約 6000 円）

 配偶者の加算について（障害厚生年金の加算）

　障害厚生年金の受給権者（1・2 級）によって生計維持されている 65 歳未満の配偶者が加算の対象となります。配偶者の収入（年収）が 850 万円未満であることが必要です（一時的収入は除きます）。また、加入期間 20 年以上の老齢厚生年金等受給中の加給年金額は支給停止となります。

▶配偶者加算と子加算

	名称	金額	加算される年金	年齢制限
配偶者	加給年金額	年額約22万円	障害厚生年金	65歳未満であること（大正15年4月以前に生まれた配偶者には年齢制限はありません）
子2人まで	加算額	1人につき約22万円	障害基礎年金	・18歳になった後の最初の3月31日までの子 ・20歳未満で障害等級1・2級の障害の状態にある子
子3人目から		1人につき約7万4千円		

＊配偶者が、老齢厚生年金、退職共済年金（加入期間20年以上または中高齢の資格期間の短縮特例に限る）または障害年金を受け取る間は、「配偶者加給年金額」は止まります。

手続きの基本と困ったときの対処法
請求するとき
⑤

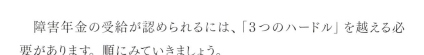

⑤ 認められる条件ってあるの？
3つのハードル

　障害年金の受給が認められるには、「3つのハードル」を越える必要があります。順にみていきましょう。

▶▶▶ **要件1「初診日」**

　初診日とは、「障害の原因となった病気やけがなどで初めて医師または歯科医師の診察を受けた日」のことをいいます。

　たとえば、不眠や気分の落ち込みから体調不良を感じ、近隣の内科を受診した後、内科から精神科へ紹介状が出された場合、障害の原因となった病気やけがで初めて医師の診察を受けた日は、内科の受診日と判断される場合もあります。精神科の診察を受け、うつ病の診断がされた日であるとは限りません。

　もう一例です。糖尿病からくる慢性腎不全による人工透析の場合、初診日は糖尿病で病院に初めてかかった日とされます。これは、糖尿病にならなければ慢性腎不全を発症して人工透析を受けることはなかっただろうとの因果関係から判断されるものです。

　この「初診日に年金制度に加入している」ことが1つめのハードルです。初診日は、その時点で加入していた年金制度の種類により、受け取れる障害年金の額が違ってくるため、その意味からもとても重要です。

21

しかし、実際には、病院に初診日のカルテの保存がなく、障害年金の請求ができないと困っている人が少なくありません。5年以内であれば、受診した医療機関にカルテが保存されていますが、10年以上前となるとカルテを保存していない医療機関も多くあります。その際の打開方法については後述します。

▶初診日の主な具体例

状況の具体例	初診日となる日
障害の原因となった傷病について、現在かかっている医師または歯科医師にはじめて診療を受けた場合	治療行為または療養に関する指示があった日
同一の傷病で転医があった場合	一番初めに医師または歯科医師の診療を受けた日
過去の傷病が治癒し（社会復帰し、治療の必要のない状態）、同一傷病で再度発症している場合	再度発症し医師または歯科医師の診療を受けた日
傷病名が特定しておらず、対象傷病と異なる傷病名であっても同一傷病と判断される場合（例：心因反応→うつ病）	対象傷病と異なる傷病名の初診日
じん肺症（じん肺結核を含む）	じん肺と診断された日
障害の原因となった傷病の前に相当程度因果関係があると認められる傷病がある場合	最初の傷病の初診日
先天性の知的障害	出生日
発達障害	自覚症状があって初めて診療を受けた日
先天性心疾患、網膜色素変性症など	日常生活や労働に支障をきたすような具体的な症状が現れはじめて診療を受けた日
先天性股関節脱臼　・完全脱臼したまま生育した場合	出生日
・青年期以後になって変形性股関節症が発症した場合	発症後にはじめて診療を受けた日

請求するとき ⑤

初診日はとても重要です。初診日が基準となり保険料納付要件を確認し、障害認定日も決まります。また、**初診日に加入していた年金制度によって受け取れる年金額も変わります**。初診日を確定させるのは、とても重要です。

以下は、傷病間に因果関係がある（Aの傷病がなければBの傷病は発症しない）と判断されることが多いものです。

▶因果関係を認められることが多い傷病（A→B：相当因果関係あり）

傷病名A	関係	傷病名B
糖尿病	→	糖尿病性網膜症
		糖尿病性腎症
		糖尿病性壊疽（糖尿病性神経障害、糖尿病性動脈閉鎖症）
糸球体腎炎（ネフローゼを含む）	→	慢性腎不全
多発性のう胞腎		
慢性腎炎		
肝炎	→	肝硬変
結核	→	聴覚障害（化学療法の副作用）
輸血の必要な手術	→	肝炎（手術等による輸血）
ステロイド投薬が必要な傷病	→	大腿骨頭無腐性壊死（ステロイド投薬による副作用）
事故による傷病	→	左記傷病による精神障害
脳血管の傷病		
肺疾患	→	呼吸不全（肺疾患の手術ののち）
転移性悪性新生物：がん（はじめてなった部分にかかるもの）	→	転移性悪性新生物：原発とされるものと組織上一致、または転移であることを確認

高血圧の人が脳梗塞を発症する例がありますが、障害年金の請求上は因果関係なしと判断されます。医学的には因果関係があるものであっても、障害年金の請求では因果関係なしと判断されるものもあるので、注意が必要です。

▶同一の傷病と間違えやすい傷病（A→×B：相当因果関係なし）

傷病名A	関係	傷病名B
高血圧	×	脳出血
		脳梗塞
近　視	×	黄斑部変性
		網膜剥離
		視神経萎縮
糖尿病	×	脳出血
		脳梗塞

■ 年金制度の種類

　初診日が確定したら、その日に加入していた年金制度を確認します。現在、日本の公的年金制度には**国民年金**と**厚生年金**があります。国民年金は、日本国内に住所を有する 20 歳以上 60 歳未満のすべての人が加入します。

　被保険者は「第 1 号被保険者」「第 2 号被保険者」「第 3 号被保険者」の 3 種類があり、第 2 号被保険者は厚生年金と国民年金の 2 階建てで加入しています。障害年金で大切なことは、初診日にどの制度に加入しているかです。同じ等級であっても、第 2 号被保険者は金額が多くなります。2 階建てで加入していたので、障害等級 1 級または 2 級の場合は受けるときにも 2 階建てです。

▶国民年金の種類

	第1号被保険者	第2号被保険者	第3号被保険者
対象者	自営業者 農業等従事者 学生 フリーター 無職　等	サラリーマン 公務員 (厚生年金保険の加入者は自動的に国民年金に加入しています)	第2号被保険者の配偶者 (20歳以上60歳未満、年収130万円未満)
保険料の納付方法	納付書による納付や口座振替など、自分で納めます。(納められないときは、免除や納付猶予の仕組みがあります)	給与から控除される厚生年金保険料の中に、国民年金保険料が含まれています。	本人負担はありません。配偶者が加入する年金制度が一括負担しています。
受けられる障害年金の種類	障害基礎年金	障害厚生年金 障害基礎年金	障害基礎年金

第2号被保険者は厚生年金保険に加入している

要件2「保険料納付」

2つめのハードルは、「初診日の前日までに一定の保険料を納めている」ことです。この要件を満たしていなければ、障害年金は受給できません。具体的には、以下のとおりです。

■ 全期間の3分の2以上が納付又は免除・猶予

初診日のある月の前々月までの公的年金の加入期間の3分の2以上の期間について、保険料が納付または免除されていることが要件です。納付は免除期間を含みます。

■ 直近の1年間が納付又は免除・猶予（特例）

次のすべての要件を判定します。

・初診日の前日において、初診日の属する月の前々月までの直近の1年間に保険料の未納期間がない。
・2026（令和8）年3月31日以前に初診日がある。
・初診日において65歳に達した日（65歳の誕生日の前日）の前日以前。

　初診日以降に保険料を納付した期間は、納付要件の判定の対象とはなりません。国民年金に加入している間に初診日がある人は「障害基礎年金」、厚生年金に加入している間に初診日がある人は「障害厚生年金」（2級以上なら障害基礎年金と2階建て）が支給されます。また、20歳前に初診日がある人（会社に勤務している厚生年金加入者を除く）は「障害基礎年金」が支給されます。

厚生年金に加入している人は、国民年金2号被保険者となるため、保険料納付済期間となります。サラリーマンの妻なども、国民年金3号被験者となるため、保険料納付済み期間に該当します。

▶受給できる年金

初診日に加入していた制度	受け取れる年金	保険料納付要件の要否
国民年金	障害基礎年金	○（必要）
厚生年金	障害厚生年金	○（必要）
20歳前	障害基礎年金	×（不要）
20歳前、厚生年金	障害厚生年金	×（不要）

初診日の前々月までの保険料納付が問われるのは、保険料の納付期限と関係するからです。毎月の保険料は、翌月の末日までに納付することになっています。

こうした事情から、初診日の前々月までの保険料納付が問われる仕組みになっているのです。

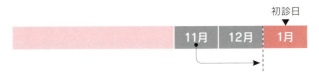

11月の保険料は12月末までに納めなければならない。

この例でいうと、初診日の1月に保険料の納付を確認できるのは、11月までです。12月分の保険料は1月末までに納付すればよいことになります。

要件3「障害の状態」

3つめのハードルは、「障害認定日又は請求日に障害の状態にある」ことです。

障害認定日とは、初診日から起算して1年6か月を経過した日(その期間内に症状が治ったときは、その症状が固定し、治療の効果が期待できない状態に至った日を含む)のことをいいます。原則、初診日から1年6か月を経過していないと、障害年金の請求手続きは行えません。障害の状態を確認する重要な日といえるでしょう。

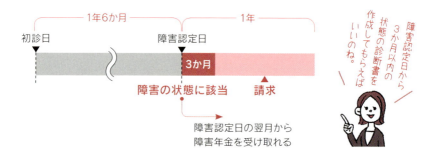

障害認定日から1年以内に請求手続きを行い、障害の状態にあると判断されれば、障害認定日の翌月から障害年金を受け取ることができます。

相談者の多くは、自分が障害年金を受けることができるかどうかがわからない、手足が動くから障害年金は受け取れないのではないかなど、さまざまなお話をされます。

障害の状態は、日常生活や労働をする上でどの程度支障があるかを、障害の程度として1級～3級の3つの区分で分けられます。初診日に国民年金へ加入している人は、障害基礎年金の請求となり、1級と2級のみです。サラリーマンなど会社勤務しているときに初診日がある

人は、障害厚生年金の請求となり、1級〜3級＋障害手当金が支給されます。

　障害手当金は、初診日に厚生年金保険に加入している人のけがや病気が5年以内（初診日から起算して）に治り、3級よりも軽い程度の障害が残ったときに、一時金として支給されます。なお、ここでいう「治った」は、医学的に治癒したか、長期にわたりその傷病の固定性が認められ、治療による改善効果が期待できない状態をいいます。

　各等級の内容は、以下のとおりです。

障害等級

重い↑ ↓軽い	1級	他人の介助を受けなければほとんど日常生活をすることができない程度。 （例：身のまわりのことはかろうじてできるが、それ以上の活動はできない、活動はベッド周辺に限られる）	国民年金
	2級	日常生活に著しい制限を受ける程度。随時介助を受ける程度。 （例：家庭内の軽度な活動はできるがそれ以上の活動はできない。活動範囲は家庭内に限られる）	厚生年金
	3級	労働に制限を受けるか又は労働に著しい制限を加えることを必要とする程度。 （例：労働時間や仕事の内容に制限がある）	

　なお、精神障害者保健福祉手帳や身体障害者手帳の等級と障害年金の等級は別物です。障害年金の等級は、診断書の記載内容から判断され、手帳と同じ等級で認定されるわけではありません。

　以上の3つが障害年金の受給の要件となるハードルです。働いていると障害年金を受け取れないと思っている方もいます。就労の有無のみで障害年金の必要性が判断されることはないので、ぜひ、請求手続きを考えてほしいと思います。

⑥ 保険料の納付要件がないと言われたら…

● 保険料を払えないときは「免除申請・猶予申請」を！

　国民年金の保険料は、20歳になった月から納付する義務があります。収入の減りや失業などにより、保険料を納めることが難しくなったときは、未納のままにせず、「国民年金保険料免除納付猶予制度」の手続きを必ず行うことをおすすめします。手続きは、**免除申請書・納付猶予申請書を年金事務所か市役所に提出する**だけです。

　保険料の免除には、前年所得や年齢などの要件があります。また、失業した人には特例免除があります。

■ **保険料全額免除となった場合**

　将来、老齢年金を受け取るときに2分の1の金額を受け取れます。以下は、40年間国民年金だった場合の老齢基礎年金額です。

| 20～60歳まで 40年間 保険料を納めた。 **約78万円** (年間の年金額) | → | 40年間すべて 全額免除 保険料をまったく 納めていない。 **約39万円** (年間の年金額) |

年金を受け取るときは期間の計算とお金の計算があるんだね。

■ 本人が病気やけがで障害になったり、死亡した場合

障害年金（本人）、遺族年金（遺族）を受け取れます。

▶保険料納付と免除

	老齢基礎年金		障害基礎年金 遺族基礎年金
	受給資格期間への算入	年金額への反映	
納付	○	○	○
全額免除	○	△ （納付すれば全額○）	○
一部免除	△ （納付すれば○）	△ （納付すれば○）	○
納付猶予 学生納付特例	○	×	○
未納	×	×	×

※納付猶予は50歳未満の人が対象　　※学生納付特例は学生が対象

▶▶▶ **「免除期間・猶予期間」と
「未納期間（滞納）」の違い**

　この書類のことを知らなかった、知っていたけど出さなかったという場合、**未納期間＝滞納**となってしまいます。

　この**未納期間が初診日の前に一定期間以上あると、その傷病に対してはどんなに障害が重くても、障害年金は受給することができなくなってしまいます。**

　初診日の後に、未納期間が多数あったことに気づき、「知らなかったから今から払います」と願い出ても、障害年金の保険料納付の期間とは認められません。**保険料の納付（免除の申請を含む）は、初診日の前日までに行わなければならない**というルールがあります。このルールのことを保険料の納付要件といいます。

あきらめる前に確認すること

　保険料の納付要件が整わなければ、障害年金を受けることはできませんが、あきらめる前に確認してほしいことがあります。

1．初診日に間違いはないか、20歳前の受診歴はないか

　「年金保険料をずっと納めていなかったので、年金事務所で障害年金の保険料の納付要件がないと言われました。何か方法はありませんか？」と相談に来られる方に必ず聞くようにしている質問があります。

　「初診日は本当にそこで間違いありませんか？ 20歳よりも前に病院を受診したことはありませんか？」

　20歳になったら年金制度に加入し、保険料を納めなければなりません。20歳前には保険料を納める義務がないので、もし初診日がその期間にあれば、保険料の納付要件は問われないのです。

　時々あるのが、「そういえば、高校時代に情緒不安定で不登校になったときに、近くの心療内科に母に連れていかれました」といったケースです。現在の病気と因果関係がある受診が20歳前であることを証明することによって、請求手続きを行える可能性があります。たとえば、初診で心因反応、現在はうつ病と診断されているケースなどです。

● 「初診日」の規定の1つ

> ・傷病名が確定しておらず対象傷病と異なる傷病名であっても、同一傷病と判断される場合は、他の傷病名の初診日が対象傷病の初診日となる
>
> （厚生労働省年金局　年管管発0928第6号　資料より抜粋）

2. 社会的治癒にならないか

　こんなケースがあります。「30歳のときにうつ病になり、32歳まで治療を受けてよくなりました。治療の必要がなくなり、就職して8年間勤めた後、40歳でまたうつ病になりました。再発後は継続して治療を受けていますが、よくなりません」。

　この場合、40歳で再度医療機関を受診した日を新たな初診日として判断されることもあります。

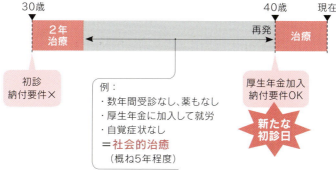

　社会的治癒とは、一般的に日常生活、社会的生活を支障なく過ごすことができ、医師による治療の必要もなく、自覚症状や他人が見ても異常がない期間が長く続いている状態をいいます。再発後の受診時を新たな初診日として認められるかどうかは、個々の状況により判断されます。社会的治癒とされる期間は概ね5年程度です。

[⑦ 傷病手当金を受けています。
障害年金は請求できますか？]

障害年金を受給するまでの重要な支えになります

　障害年金の請求を考えている人のなかには、すでに傷病手当金を受けている人もいます。**傷病手当金は、病気やけがで休職するときに生活の保障として設けられている制度です**。サラリーマンなど健康保険に加入している人が病気やけがで働けない状態であるときに、**給与の約3分の2が1年6か月を上限に支給されます**。自営業など国民健康保険の人は対象となりません。

　障害年金は、初診後まもなく障害等級に該当する障害の状態になっていたとしても、障害認定日(原則として初診日から1年6か月経過後)までは、請求手続きを行うことができません。その意味から、傷病手当金は働けずに収入がない期間の重要な経済の柱となります。傷病手当金は、3日間の連続した休職後、4日目から**医師が労務不能であることを証明すれば受給でき、また障害年金が対象としていない疾病の場合も利用できます**。

障害厚生年金と障害基礎年金で扱いは異なります

　すでに傷病手当金を受けている人が新たに障害年金を受給するときはどうなるでしょうか。

手続きの基本と困ったときの対処法

請求するとき ⑦

まず、**障害厚生年金の場合、同一傷病の傷病手当金は重複して受け取ることができません。**障害厚生年金が優先され、傷病手当金が支給されなくなります。ただし、障害厚生年金の額（同一の支給事由で障害基礎年金が支給されるときは、その合算額）を360で割った額が傷病手当金の日額に満たないときは、差額が支給されることになっています。初診日の時点では自営業で、その後サラリーマンになり傷病手当金を受けている人など**障害基礎年金単独の場合は、傷病手当金と同一傷病であったとしても調整がかかることはなく、障害基礎年金と傷病手当金の両方を受け取れます。**

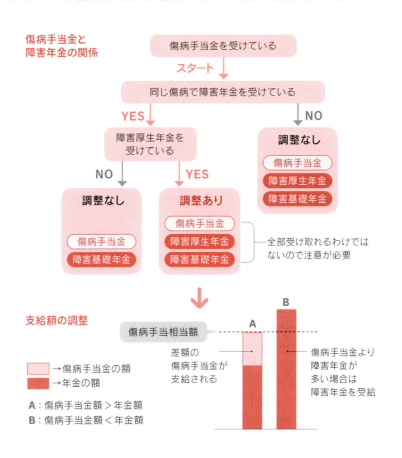

35

手続きに必要な書類を教えて！

障害年金の請求手続きを行うときの重要書類は3つです。
・受診状況等証明書…………初診日を証明する書類
・診断書………………………医師が病状等を証明する書類
・病歴・就労状況等申立書……自分の病状等を説明する書類

▶▶▶ 受診状況等証明書について

　診断書を作成してもらう病院と初診でかかった病院が異なる場合は、受診状況等証明書が必要になります。この書類に作成日からの使用有効期限はありません。5年前や10年前に作成されたものでも使用できます。
　カルテの保存年限を過ぎているために初診日を証明することができないときは、別の手を考えなくてはなりません。いざ手続きを進めようとしたときに困らないように、あらかじめ受診状況等証明書を作成してもらっておくと安心です。

1．初診の医療機関で作成する

　受診状況等証明書を初診日の証明書類として活用するための要件は、障害年金を請求する傷病について前医がないことです。前医とは、それ以前の医療機関という意味で、それ以前の医師と

手続きの基本と困ったときの対処法

請求するとき
⑧

受診状況等証明書

年金等の請求用

障害年金等の請求を行うとき、その障害の原因又は誘因となった傷病で初めて受診した医療機関の初診日を明らかにすることが必要です。そのために使用する証明書です。

受 診 状 況 等 証 明 書

① 氏　　　　名　＿＿＿＿＿＿＿＿＿＿＿＿＿＿＿＿

② 傷　病　　名　＿＿＿＿＿＿＿＿＿＿＿＿＿＿＿＿

③ 発 病 年 月 日　昭和・平成・令和　　年　　　月　　　日

④ 傷病の原因又は誘因　＿＿＿＿＿＿＿＿＿＿＿＿＿＿

⑤ 発病から初診までの経過

前医からの紹介状はありますか。⇒　　有　　　無　　（有の場合はコピーの添付をお願いします。）

....

....

....

....

※診療録に前医受診の記載がある場合　　1　初診時の診療録より記載したものです。
右の該当する番号に○印をつけてください　　2　昭和・平成・令和　　年　　　月　　　日の診療録より記載したものです。

⑥ 初 診 年 月 日　昭和・平成・令和　　　　年　　　月　　　日

⑦ 終 診 年 月 日　昭和・平成・令和　　　　年　　　月　　　日

⑧ 終診時の転帰（　治癒・転医・中止　）

⑨ 初診から終診までの治療内容及び経過の概要

....

....

....

....

⑩ 次の該当する番号（1～4）に○印をつけてください。

複数に○をつけた場合は、それぞれに基づく記載内容の範囲がわかるように余白に記載してください。

上記の記載は　1　診療録より記載したものです。

　　　　　　　2　受診受付簿、入院記録より記載したものです。

　　　　　　　3　その他（　　　　　　　　　　　　　）より記載したものです。

　　　　　　　4　昭和・平成・令和　　年　　　月　　　日の本人の申し立てによるものです。

⑪ 令和　　年　　　月　　　日

医療機関名　　　　　　　　　　　　　　診療担当科名

所　在　地　　　　　　　　　　　　　　医師氏名　　　　　　　　印

（提出先）日本年金機構　　　　　　　　　　　　　　　（裏面もご覧ください。）

37

いう意味ではありません。

　たとえば、「近隣の病院で治療後、当院受診」などと記載されていた場合は、初診としての証明にはなりません。その近隣の病院に足を運んで書類を作成してもらう必要があります。前の医療機関からの紹介状がある場合は、その写しをいただきましょう。

2．本人の申し立てのみでは難しい

　受診状況等証明書(37頁)には、該当番号に〇を付ける⑩の欄があります。

　ここで4のみに〇が付くと、本人の申し立てのみに基づいた記載内容となるため、初診日の証明として認められるのは難しくなります。

■ 記入のポイント

　「②傷病名」……複数の傷病名を入れる場合は、それぞれの発病日、初診日がわかるように記載します。

　「⑤発病から初診までの経過」……「有」の場合は、初診日が遡る可能性があります。

　「⑥初診年月日、⑦終診年月日」……病歴就労状況等申立書の初診日、終診日が一致していることを確認します。

　初診日が証明できないときの方策については、次項で紹介しますので、そちらをご覧ください。

 ## 診断書について

　診断書は、医師が患者の病状等を記載する書類です。3つの書類のなかで最も重要な書類といっても過言ではありません。**診断書の内容によって障害年金を受給できる、できないが決まる**からです。

総合的な評価を行う障害認定診査医員は、請求手続きを行っている患者本人を診るわけではなく、あくまでも書類の内容から判断します。そのため、病状や生活の状況をどれだけ診断書の書面に反映できるかが問われてきます。

　傷病により、検査数値や測定値で判断されるものもあります。たとえば、眼や聴覚の障害です。聴覚障害で両耳のdBが90以上の場合、おおむね障害年金2級に該当します。これがdBが50ほどだと、2級の認定はまずされません。このように検査数値で障害等級が決まる傷病は、ある意味では明解です。

　精神の障害の場合は、状況を点数化する項目として「日常生活能力の判定」と「日常生活能力の程度」があり、この記載内容から障害等級の目安がわかります。その上で、診断書の各項目から総合的に判断されます。

　生活や労働の状況がどれだけ具体的に診断書に反映されるかが認定診査のカギを握っています。患者の日常生活にかかわる状況やそのなかでのつらさは医師に伝わっていないことも多く、患者の側からこれらの内容を伝える努力が必要かもしれません。

　最近は、診断書をパソコンで作成する医療機関が増えました。用紙のサイズも、A4の場合もA3の場合もあります。2枚（A4）になる場合は、割印を押していただくか、それぞれに医療機関の名称、所在地、診療科目、医師自筆の署名と押印をいただきます。割印の場合は、診断書を作成した医師の印で割っていただきます。診断書の内容が訂正されるときも、作成医師の押印が必要です。

▶▶▶ **病歴・就労状況等申立書について**

　病歴・就労状況等申立書(41 〜 42 頁)は、自分の病状を自分で記載できる唯一の書類です。発病から初診までの経過、その後の病状などについて記載する書類です。具体的に生活上の困難や日頃の生きづらさをしっかりと書くとよいでしょう。医学的・専門的に記述する必要はありません。傷病の発病から請求までの経過がわかるように具体的に記述するとよいでしょう。

　ポイントは、できないことや困っていることを明確に書くことです。時々、以前はこれができなかったのが今はここまでできるようになったなど、できていることを中心に記載される人がいますが、障害年金を必要としている状況の申し立てとしては適していないように思います。

　一般的に、人は不自由な生活にも慣れていくものです。不自由な部分を工夫したり、不自由さを受け入れながら生活していくうちに、その生活が普通に感じられ、不自由であることを自覚しにくくなっていくものでしょう。もちろん、生活や人生の質にかかわってくることなので、慣れたらそれでいいということではなく、障害による不自由さ自体が改善されるのが理想です。

　その意味から、この書類の作成は、家族など第三者の客観的な視点を交えて行うとよいでしょう。

手続きの基本と困ったときの対処法

請求するとき ⑧

病歴・就労状況等申立書（オモテ）

病歴・就労状況等申立書

No. ― 枚中

（請求する病気やけがが複数ある場合は、それぞれ用紙を分けて記入してください。）

病歴状況	傷病名	
発病日	昭和・平成・令和　　年　　月　　日	初診日　昭和・平成・令和　　年　　月　　日

記入する前にお読みください。
○ 次の欄には障害の原因となった病気やけがについて、発病したときから現在までの経過を年月順に期間をあげずに記入してください。
○ 受診していた期間は、通院期間、受診回数、入院期間、治療経過、医師から指示された事項、転医・受診中止の理由、日常生活状況、就労状況などを記入してください。
○ 受診していなかった期間は、その理由、自覚症状の程度、日常生活状況、就労状況などについて具体的に記入してください。
○ 健康診断などで障害の原因となった病気やけがについて指摘されたことも記入してください。
○ 同一の医療機関を長期間受診していた場合、医療機関を長期間受診していなかった場合、発病から初診までが長期間の場合は、その期間を3年から5年ごとに区切って記入してください。

1　昭和・平成・令和　年　月　日から
　　昭和・平成・令和　年　月　日まで
　　受診した　・　受診していない
　　医療機関名
　　　　　　　　　　　　　　　　左の期間の状況

2　昭和・平成・令和　年　月　日から
　　昭和・平成・令和　年　月　日まで
　　受診した　・　受診していない
　　医療機関名
　　　　　　　　　　　　　　　　左の期間の状況

3　昭和・平成・令和　年　月　日から
　　昭和・平成・令和　年　月　日まで
　　受診した　・　受診していない
　　医療機関名
　　　　　　　　　　　　　　　　左の期間の状況

4　昭和・平成・令和　年　月　日から
　　昭和・平成・令和　年　月　日まで
　　受診した　・　受診していない
　　医療機関名
　　　　　　　　　　　　　　　　左の期間の状況

5　昭和・平成・令和　年　月　日から
　　昭和・平成・令和　年　月　日まで
　　受診した　・　受診していない
　　医療機関名
　　　　　　　　　　　　　　　　左の期間の状況

※裏面（署名欄）も記入してください。

病歴・就労状況等申立書（ウラ）

就労・日常生活状況	1. 障害認定日（初診日から1年6月目または、それ以前に治った場合は治った日）頃と 2. 現在（請求日頃）の就労・日常生活状況等について該当する太枠内に記入してください。

1. 障害認定日（ 昭和・平成・令和　　年　　月　　日）頃の状況を記入してください。

就労状況	就労していた場合	職種（仕事の内容）を記入してください。	
		通勤方法を記入してください。	通勤方法 通勤時間（片道）　　　　時間　　　　分
		出勤日数を記入してください。	障害認定日の前月　　日　障害認定日の前々月　　日
		仕事中や仕事が終わった時の身体の調子について記入してください。	
	就労していなかった場合	仕事をしていなかった（休職していた）理由すべて〇で囲んでください。 なお、オを選んだ場合は、具体的な理由を（　）内に記入してください。	ア　体力に自信がなかったから イ　医師から働くことを止められていたから ウ　働く意欲がなかったから エ　働きたかったが適切な職場がなかったから オ　その他（理由　　　　　　　　　　　　　）
日常生活状況		日常生活の制限について、該当する番号を〇で囲んでください。 1 → 自発的にできた 2 → 自発的にできたが援助が必要だった 3 → 自発的にできないが援助があればできた 4 → できなかった	着替え（1・2・3・4）　洗面（1・2・3・4） トイレ（1・2・3・4）　入浴（1・2・3・4） 食事（1・2・3・4）　散歩（1・2・3・4） 炊事（1・2・3・4）　洗濯（1・2・3・4） 掃除（1・2・3・4）　買物（1・2・3・4）
		その他日常生活で不便に感じたことがありましたら記入してください。	

2. 現在（請求日頃）の状況を記入してください。

就労状況	就労している場合	職種（仕事の内容）を記入してください。	
		通勤方法を記入してください。	通勤方法 通勤時間（片道）　　　　時間　　　　分
		出勤日数を記入してください。	請求日の前月　　日　請求日の前々月　　日
		仕事中や仕事が終わった時の身体の調子について記入してください。	
	就労していない場合	仕事をしていない（休職している）理由すべて〇で囲んでください。 なお、オを選んだ場合は、具体的な理由を（　）内に記入してください。	ア　体力に自信がないから イ　医師から働くことを止められているから ウ　働く意欲がないから エ　働きたいが適切な職場がないから オ　その他（理由　　　　　　　　　　　　　）
日常生活状況		日常生活の制限について、該当する番号を〇で囲んでください。 1 → 自発的にできる 2 → 自発的にできたが援助が必要である 3 → 自発的にできないが援助があればできる 4 → できない	着替え（1・2・3・4）　洗面（1・2・3・4） トイレ（1・2・3・4）　入浴（1・2・3・4） 食事（1・2・3・4）　散歩（1・2・3・4） 炊事（1・2・3・4）　洗濯（1・2・3・4） 掃除（1・2・3・4）　買物（1・2・3・4）
		その他日常生活で不便に感じていることがありましたら記入してください。	

障害者手帳	障害者手帳の交付を受けていますか。	1 受けている　　2 受けていない　　3 申請中	
	交付されている障害者手帳の交付年月日、等級、障害名を記入してください。 その他の手帳の場合は、その名称を（　）内に記入してください。 ※略字の意味 身→身体障害者手帳　　療→療育手帳 精→精神障害者保健福祉手帳　他→その他の手帳	①	身・精・療・他（　　　　　　　　　） 昭和・平成・令和　　年　　月　　日（　級） 障害名（　　　　　　　　　　　　　　）
		②	身・精・療・他（　　　　　　　　　） 昭和・平成・令和　　年　　月　　日（　級） 障害名（　　　　　　　　　　　　　　）

上記のとおり相違ないことを申し立てます。　　　　　　　　　　　　　　※請求者本人が署名する場合、押印は不要です。

令和　　年　　月　　日　　　　　　　　　　　　　請求者　現住所

代筆者　氏　名　　　　　　　　　　　　　　　　　　　氏　名　　　　　　　　　　　　印
　　　　請求者からみた続柄（　　　　　）　　　　　　電話番号　　　－　　　－

手続きの基本と困ったときの対処法

請求するとき

⑧

■ 記載のポイント

「病歴状況」「発病日」「初診日」……年金請求書と一致していることを確認します。

「傷病名」……複数の傷病で請求するときは、傷病ごとに書類を作成します。

「1」欄……発病したときの状況、発病から初診までの状況を記載します。先天性疾患（知的障害など）の場合は、小学校入学前、小学校低学年・高学年、中学校、高校に区切り、日常生活や学校での状況を記載します。

「2」欄……治療の経過を記載します。期間は3年〜5年ごとが基本です。受診しなかった期間がある場合は、受診しなかった理由、自覚症状、日常生活の状況を記載します。

「3」欄以降……医療機関ごとに区切り記載します。1つの医療機関の受診歴が長い場合は、3〜5年ごとに記載します。受診していない期間については、受診しなかった理由、自覚症状、日常生活の状況などを記載します。

「障害認定日」……初診日から1年6か月の日を記載します。先天性または初診日が18歳6か月より前の場合は、20歳の誕生日の前日の日を記載します。

「1 障害認定日」欄の全体……事後重症請求の場合、記載は不要です。

「代筆者」……家族や友人、社会保険労務士などが記載した場合は、代筆者を記載します。

「請求者」……代筆者がいる場合も、請求者欄の記載は必須です。

修正方法……内容を修正する場合、修正液や修正テープの使用は認められていません。訂正印を押印します。

43

初診日がわからないときは どうしたらいいの？

 まずはカルテの保存を確認します

　障害年金の請求手続きを進める上で、最初に受診した医療機関が10年前、20年前になってくると、その医療機関にカルテの保存がなく、初診日を証明する段階でつまずいてしまう人もいるかもしれません。

　カルテについては医師法、歯科医師法で、病院・診療所の管理者に5年間の保存を義務づけています（違反は50万円以下の罰金）。この5年間とは、一連の診療が終了後の期間と解釈されています。終診年月日から5年を経過すると、医療機関にカルテの保存義務がなくなるということです。

　最初に受診した医療機関にカルテの保存がない場合は、2番目に受診した医療機関で受診状況等証明書を作成してもらってください。2番目でもカルテの保存がない場合は、3番目の医療機関。3番目でもカルテの保存がない場合は、4番目の医療機関という具合に、一番昔に受診した医療機関から順々に確認していってください。

 申立書を使って活路をひらきます

　一方、初診から5年を経過した後に障害年金の請求を行う人も少なくありません。生活や労働が困難になる前から障害年金の

存在や手続きのことを知っている人は、ごく少数でしょう。結果、受診状況等証明書を取得しようと思ってもカルテの保存がなく、初診日を証明できそうにないという事態が起こってきます。そのときに活用するのが「受診状況等証明書が添付できない申立書」です。

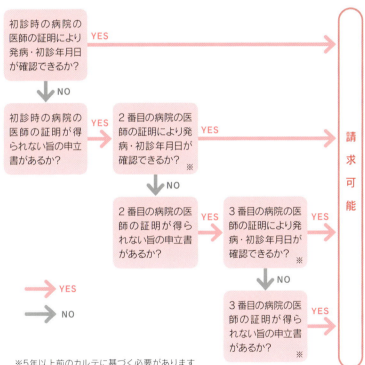

※5年以上前のカルテに基づく必要があります
※4番目の病院、5番目の病院とこの流れを繰り返していくこともあります

受診状況等証明書が添付できない申立書

年金等の請求用

受診状況等証明書が添付できない申立書

傷　病　名　_____

医　療　機　関　名　_____

医療機関の所在地　_____

受　診　期　間　昭和・平成・令和　　年　　月　　日　～　昭和・平成・令和　　年　　月　　日

上記医療機関の受診状況等証明書が添付できない理由をどのように確認しましたか。
次の＜添付できない理由＞と＜確認方法＞の該当する□に✔をつけ、＜確認年月日＞に確認した
日付を記入してください。
その他の□に✔をつけた場合は、具体的な添付できない理由や確認方法も記入してください。

＜添付できない理由＞　　　　　　＜確認年月日＞　平成・令和　　年　　月　　日

　□　カルテ等の診療録が残っていないため

　□　廃業しているため

　□　その他　_____

＜確認方法＞　　□　電話　　□　訪問　　□　その他（　　　　　　　　　　　　）

上記医療機関の受診状況などが確認できる参考資料をお持ちですか。
お持ちの場合は、次の該当するものすべての□に✔をつけて、そのコピーを添付してください。
お持ちでない場合は、「添付できる参考資料は何もない」の□に✔をつけてください。

□　身体障害者手帳・療育手帳・ 　　精神障害者保健福祉手帳	□　お薬手帳・糖尿病手帳・領収書・診察券 　　（可能な限り診察日や診療科が分かるもの）
□　身体障害者手帳等の申請時の診断書	□　小学校・中学校等の健康診断の記録や 　　成績通知表
□　生命保険・損害保険・ 　　労災保険の給付申請時の診断書	□　盲学校・ろう学校の在学証明・卒業証書
□　事業所等の健康診断の記録	□　第三者証明
□　母子健康手帳	□　その他（　　　　　　　　　　　）
□　健康保険の給付記録（レセプトも含む）	□　添付できる参考資料は何もない

上記のとおり相違ないことを申し立てます。

令和　　年　　月　　日

　　　　　　　　　住　所　_____

請　求　者　　　　　　　　　　　　　　　　　　　　　　　　※本人自らが署名する場合
　　　　　　　　　氏　名　_____ 印　　押印は不要です。

代筆者氏名　_____ 請求者との続柄　_____

（提出先）日本年金機構　　　　　　　　　　　　　　　　（裏面もご覧ください。）

この書類とあわせて、下記の参考資料を添付します。日本年金機構が示しているものです。あるものはすべて揃えるようにします。

申立書の参考資料
・身体障害者手帳・精神障害者保健福祉手帳・療育手帳
・身体障害者手帳、精神障害者保健福祉手帳の申請時の診断書
・生命保険、損害保険、労災保険の給付申請時の診断書
・交通事故証明書
・労災の事故証明書
・健康診断の記録
・インフォームド・コンセントによる医療情報サマリー
・健康保険の給付記録（健康保険組合・健康保険協会等）
・次の受診医療機関への紹介状
・電子カルテ等の記録（氏名、日付、診療科等が確認されたもの）
・お薬手帳、糖尿病手帳、領収書、診察券など
・第三者証明

　健康診断を受けた日（健診日）は原則、初診日として取り扱いませんが、最初に受診した医療機関にカルテの保存がない場合、医学的に治療が必要と認められる状態であれば、請求者から健診日を初診日とするよう申し立てることにより、健診日を初診日と取り扱うことも可能です。

 該当者がいれば、第三者証明を活用します

　参考資料の1つに示されている第三者証明は、該当者がいれば、ぜひ活用したい方法です。原則として複数名の書類が必要ですが、

初診日に関する第三者からの申立書（第三者証明）

初診日に関する第三者からの申立書（第三者証明）

　私（申立者）は、障害年金の請求者＿＿＿＿＿＿＿＿＿＿＿の初診日頃の受診状況などを知っていますので、以下申し立てます。

知ったきっかけ

　私（申立者）が申し立てる請求者の受診状況などは、

　　1．直接見て知りました。

　　2．請求者や請求者の家族などから聞いて知りました。
　　　なお、聞いた時期は（ 昭和・平成・令和　　年　　　月　　　日 ）（頃）です。

請求者との関係

　見た（聞いた）当時の関係：＿＿＿＿＿＿＿＿　現在の関係：＿＿＿＿＿＿＿

○傷病名：＿＿＿＿＿＿＿　○初診日：昭和・平成・令和　　年　　　月　　　日（頃）

○医療機関名・診療科：＿＿＿＿＿＿＿　○所在地：＿＿＿＿＿

申立者が知っている当時の状況等
　※記入いただく内容は、別紙「初診日に関する第三者からの申立書（第三者証明）を記入される方へ」の「裏面」をご覧ください。
　　申立者が見たり聞いたりした当時に知った内容のみを記入してください。記入できない項目があっても構いません。

＿＿＿＿＿＿＿＿＿＿＿＿＿＿＿＿＿＿＿＿＿＿＿＿＿＿＿＿
＿＿＿＿＿＿＿＿＿＿＿＿＿＿＿＿＿＿＿＿＿＿＿＿＿＿＿＿
＿＿＿＿＿＿＿＿＿＿＿＿＿＿＿＿＿＿＿＿＿＿＿＿＿＿＿＿
＿＿＿＿＿＿＿＿＿＿＿＿＿＿＿＿＿＿＿＿＿＿＿＿＿＿＿＿
＿＿＿＿＿＿＿＿＿＿＿＿＿＿＿＿＿＿＿＿＿＿＿＿＿＿＿＿
＿＿＿＿＿＿＿＿＿＿＿＿＿＿＿＿＿＿＿＿＿＿＿＿＿＿＿＿
＿＿＿＿＿＿＿＿＿＿＿＿＿＿＿＿＿＿＿＿＿＿＿＿＿＿＿＿

【申立日】令和　　年　　　月　　　日

＜申立者＞
　住　所：〒＿＿＿＿＿＿＿＿＿＿

　連絡先：　　（　　　　）　　　氏　名：＿＿＿＿＿＿＿　㊞

　※ 訂正する場合は、二重線で消した上で訂正印を押印してください。
　※ 後日、申立者あてに申立内容の確認をさせていただく場合がございます。平日日中でもご連絡が可能な電話番号を記入
　　してください。
　※ ご記入いただいた個人情報は、独立行政法人等の保有する個人情報の保護に関する法律に基づき適切に取り扱われます。

201905

医療従事者などの場合は、1人でもよいとされています。医療機関を受診した経緯や時期、医療機関とやり取りした内容が具体的に記載されていることがポイントです。

　第三者証明は、誰に書いてもらってもよいというわけではありません。民法上の三親等以内の親族による証明は認められません。いとこは認められます。ほかでは、当時の状況を知る友人や恩師等への依頼が考えられます。

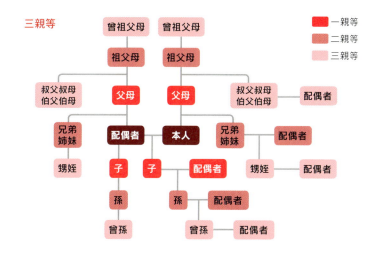

▶第三者のポイント

- 初診日頃の受診に立ち会っていた（直接見ていた）。
- 初診日頃の受診の状況を当時に聞いていた。
- 障害年金の請求日から遡って概ね5年以上前に初診日頃の状況を聞いていた。

　この3つの条件のいずれかに該当する人に第三者証明を作成してもらいましょう。

診断書は何部必要ですか？

　障害年金の請求手続きに必要となる診断書の部数は、請求時の状況により変わってきます。診断書の費用は、一般的に1部の作成につき5,000～20,000円以上になり高額です。必要な部数には、4つのパターンがあります。順にみていきましょう。

 ### 「本来請求」は1部

　障害年金は、初診日から1年6か月を経過した日（障害認定日）から請求手続きを行うことができます。**障害認定日から3か月以内の日付の診断書の作成を依頼するのが本来請求となります。**必要な部数は1部です。

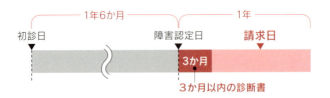

　診断書を受け取った後、障害認定日から1年以内に日本年金機構（市町村役場）へ書類を提出すれば、診断書は1部で済みます。障害年金は、障害認定日の属する月の翌月分から支給されます。

手続きの基本と困ったときの対処法
請求するとき ⑩

「障害認定日請求（遡及請求）」は2部

　障害認定日請求とは、何らかの理由により通常の請求（本来請求1年以内の診断書提出）が行えなかった場合に、時期を遡って請求する方法です。最大で5年間まで遡れます。それ以前の期間は、時効により受け取れません。

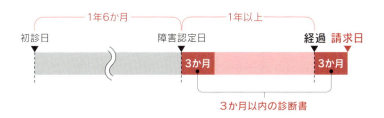

　このように、障害認定日から3か月以内と、請求日から遡って3か月以内の計2部の診断書が必要になります。

■ 認定日の診断書が入手できない場合

　なかには、障害年金のことを知らなかった、症状が重すぎて家から出られず受診できなかったなど、何らかの事情があって障害認定日から3か月以内の上記の期間に受診していないケースがあります。あるいは、受診はしていたがすでにカルテが処分されているケースもあります。カルテがなければ、医師はその時点の診断書を作成することができません。

　実際には障害認定日時点で症状が重かったのかもしれませんが、それを証明するための客観的資料が存在しません。診断書を提出できなければ、大変残念ではありますが、遡って障害年金を受け取ることは難しくなります。

「事後重症請求」は1部

　事後重症請求は、障害認定日の当時はいずれの障害等級にも該当しなかったものが、その後の傷病の経過から、障害等級に該当する状態に至った場合に請求する方法です。進行する傷病で初診日から1年6か月経過の頃はそれほど病状が悪くなく、年金を請求する頃に病状が悪化しているなどの場合によく使われる方法です。

　診断書の部数は、請求日から遡って3か月以内のもの1部です。65歳に達する前（誕生日の2日前）までに手続きを行う必要があります。

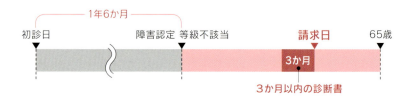

「20歳前に初診日がある場合」は認定日前後3か月

　20歳になる前に初診日がある場合として、知的障害や先天性疾患が想定されます。これらの傷病の障害認定日は20歳となり、障害年金の請求は20歳になってから提出できます。

　この場合のみ、20歳前後3か月以内の計6か月間に作成した診断書を使用できます。部数は1部です。

手続きの基本と困ったときの対処法
請求するとき ⑪

診断書は開封して見てもいいの？

　結論からいうと、患者である本人が封のしてある状態を開封して診断書の中身を確認しても、何ら問題はありません。違法として責任を問われたり、刑罰に処されたり、診断書が効力を失って使用できなくなったりすることもありません。そのことを説明しましょう。

▶▶▶ **「信書開封罪」にはあたりません**

　刑法133条に「信書開封罪」という罪が規定されています。**信書開封罪とは、正当な理由なく封をしてある信書を開ける犯罪のことです。**同罪の刑罰は、1年以下の懲役または20万円以下の罰金となります。

　「信書」とは、「特定の受取人に対し、差出人の意思を表示し、事実を通知する文書」のことです。診断書は、医師が患者から作成を依頼された文書であることから、患者は「特定の受取人」にあたります。信書開封罪は、「特定の受取人」以外の第三者が「信書」を開封したときに成立し、「特定の受取人」がそれを開封することは罪にはあたりません。

　また、特定の受取人以外の第三者が開封する場合も、「正当な理由」があれば違法性が阻却されるとされています。正当な理由の1つは、権利者の承諾がある場合です。信書受信後の権利者は、受取人

53

です。診断書を受け取るのは、そもそも第三者ではなく、受取人である患者本人です。いずれにしても、受取人である本人が封を開けることでその診断書が無効になることはありません。

積極的に「封を開けてよい」とする規定こそないものの、「封を開けてはならない」という規定はなく、診断書の受取人である患者本人が内容を確認できることには、法に基づく根拠があります。

本人以外の人が封を開けて見てはいけないよ

 心配なら医師に相談しましょう

医療機関から診断書を受け取った際、ていねいに封筒に入れられて封印されていることもあるでしょう。このとき、自分には診断書を見る権利がないのではないか、封を開けたら無効になるのではないかと心配されている方は多いと思います。行政機関の窓口で、開封した診断書は無効と言われた、職員が開封したのを見せてほしいと頼んだが断られた、などの状況も聞いています。しかし、一般的に考えても、本人が医師へ依頼し、本人がその費用を負担しているのですから、本人にその内容を確認する権利があるのは当然です。

医師のなかには、診断書の内容を本人が見てショックを受けたり、

余計な詮索をされたりすることを懸念して、患者への配慮から封をされる医師もいると聞いたことがあります。しかし、障害年金の請求手続きを行った後、思っていた結果が届かず、審査請求等を行う場合、診断書がどのような内容であったかを確かめられなければ、対応が困難となってしまいます。

　診断書を受け取ったら、その内容を確認して、コピーを取っておくことで更新のときや不服申し立ての際に役に立ちます。封を開けて医師の反感を買うのではないかなど、後ろめたく思われる場合は、事前に医師へ相談されるとよいでしょう。

> ⑫ 受給できるか不安です…
> 認定のしくみを教えてください。

●精神障害・知的障害の等級判定ガイドライン

　以前に行われた調査で、障害年金が支給されやすい地域とされにくい地域の都道府県格差は最大6倍との結果が出ました。この6倍という数字は、内部障害や外部障害、精神障害などすべての傷病の平均値です。こうした地域格差を是正するために作られたのが、「精神の障害に係る等級判定ガイドライン」（以下、等級判定ガイドライン）です。医師の判断が難しい精神障害・知的障害を対象に細かく基準を定めたもので、2016年9月から導入されています。認定診査は、次の流れで行われます。

1．障害等級の目安

　診断書の記載項目である「日常生活能力の程度」および「日常生活能力の判定」を数値化して組み合わせ、認定する等級の目安とする。

2．総合評価

　認定診査医員が障害等級の目安を参考としつつ、診断書や補足資料から考慮して総合的に評価する。

等級の目安で考慮される要素

障害等級の目安は、次の5つの要素から評価を行います。

- 現在の病状又は状態像 ｝ **診断書表面**
- 療養状況（入院・外来の状況、治療歴など）
- 生活環境
  （同居人の有無、福祉サービスの利用状況など） ｝ **診断書裏面**
- 就労状況
- その他

これらの評価に用いるのが次の目安表です。

▶障害等級の目安表

↓判定平均 \ 程度→	(5)	(4)	(3)	(2)	(1)
3.5以上	1級	1級又は2級			
3.0以上3.5未満	1級又は2級	2級	2級		
2.5以上3.0未満		2級	2級又は3級		
2.0以上2.5未満		2級	2級又は3級	3級又は3級非該当	
1.5以上2.0未満			3級	3級又は3級非該当	
1.5未満				3級非該当	3級非該当

1．「程度」は、診断書の記載項目である「日常生活能力の程度」の5段階評価を指す。
2．「判定平均」は、診断書の記載項目である「日常生活能力の判定」の4段階評価について、程度の軽いほうから1～4の数値に置き換え、その平均を算出したものである。
3．表内の「3級」は、障害基礎年金を認定する場合には「2級非該当」と置き換えることとする。

精神障害の場合、なんといっても診断書の裏面に記される日常生活能力の判定と程度のチェック内容が重要です。認定診査は、就労状況や日常生活能力も加味して総合的に評価されますが、はじめに診断書の日常生活能力の判定と程度を点数化して障害等級を導き出すため、目安表に該当する等級で認定される可能性が高いといえるでしょう。

総合評価で考慮される要素

　総合評価は、診断書の内容を精査するほか、請求時に必要に応じて添付される補足資料などから行います。診断書の「現在の病状又は状態像」「療養状況」「生活環境」など、項目ごとに考慮されるべき要素が示されており、これらに基づいて評価を行います。

　以下は、等級判定ガイドラインの目安表（判定と程度の平均点）では2級相当だったにもかかわらず、不支給となった方の不支給の理由です。認定診査医員が目安表以外の要素も含め、総合的に評価していることがわかります。

- 薬が少量である（うつ病）
- 一人暮らしをしている（双極性障害）
- 特別支援教育を受けていない（知的障害）
- 不適応行動がない（発達障害）
- 一般就労している（統合失調症）
- 大学に進学している（軽度知的障害）

▶総合評価で考慮される要素の一例
①現在の病状又は状態像

	考慮すべき要素	具体的な内容例
共通事項	認定の対象となる複数の精神疾患が併存しているときは、併合（加重）認定の取扱いは行わず、諸症状を総合的に判断する。	―
	ひきこもりについては、精神障害の病状の影響により、継続して日常生活に制限が生じている場合は、それを考慮する。	―
精神障害	統合失調症については、療養及び症状の経過（発病時からの状況、最近1年程度の症状の変動状況）や予後の見通しを考慮する。	―
	統合失調症については、妄想・幻覚などの異常体験や、自閉・感情の平板化・意欲の減退などの陰性症状（残遺状態）の有無を考慮する。	陰性症状（残遺状態）が長期間持続し、自己管理能力や社会的役割遂行能力に著しい制限が認められれば、1級または2級の可能性を検討する。
	気分（感情）障害については、現在の症状だけでなく、症状の経過（病相期間、頻度、発病時からの状況、最近1年程度の症状の変動状況など）及びそれによる日常生活活動等の状態や予後の見通しを考慮する。	適切な治療を行っても症状が改善せずに、重篤なそうやうつの症状が長期間持続したり、頻繁に繰り返している場合は、1級または2級の可能性を検討する。
発達障害	知能指数が高くても日常生活能力が低い（特に対人関係や意思疎通を円滑に行うことができない）場合は、それを考慮する。	―
	不適応行動を伴う場合に、診断書の⑩「ア 現在の病状又は状態像」のⅦ知能障害等またはⅧ発達障害関連症状と合致する具体的記載があれば、それを考慮する。	―
	臭気、光、音、気温などの感覚過敏があり、日常生活に制限が認められれば、それを考慮する。	―

⑬ 障害年金はいつから受け取れるの？

さて、ここからは障害年金の請求手続きを行った後、認定診査の結果が出てからのポイントを解説していきます。

 年金の受給開始時期について

障害年金を請求する傷病の発症から受給開始までの流れを整理すると、このようになります。

障害年金受給までの流れ

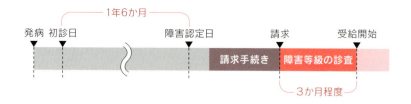

まず、**認定診査の結果は、請求手続きを行った後、概ね3か月程度で届きます**。診査に時間を要する場合は4か月以上かかることもあります。最初に受け取るのは、**年金証書**です。請求した内容が障害等級に認定されたことを証明する書類となります。

初めの入金は、年金証書が届いてから概ね50日後です。2つ以上の年金を受け取る権利のある人（老齢年金と障害年金など）や、

年金給付に調整などがかかる人は、それ以上の日数を要します。障害年金の受給権を取得した月の翌月分から年金が支給されます。

1. 初回の入金

　初回の受け取り分は、偶数月または奇数月の15日（または前営業日）に入金されます。このとき受け取れるのは、受給開始月から直近の偶数月の前月分です。初回振込前になると、年金振込通知書が届きます。この通知書にいつからいくらの年金が受け取れるのかが記載してあります。たとえば、受給権を5月に取得し、最初の入金が9月の場合、受け取り開始月の6月から直近の偶数月の前月までの2か月分（6月と7月）の年金額が9月15日に入金されます。年金証書の受領時期により、入金日が前後することがあります。

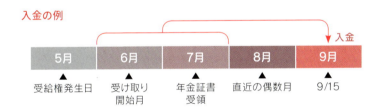

2. 通常の入金

　通常（2回目以降）は、偶数月（2月、4月、6月、8月、10月、12月）の15日に2か月分が入金されます。土曜、日曜、休日の場合は、その直前の営業日に入金されます。たとえば15日が日曜日の場合、13日の金曜日に入金されます。

⑭ えっ、不支給!? 却下!? どうしたらいいの？

　障害年金の請求手続きには、多くの時間と労力を要することがほとんどです。なんとか初診日を確定し、たくさんの書類を揃えて請求したにもかかわらず、不支給や却下の結果が届き、それだけで心が折れてしまう人は多くいます。それにより病状が悪化してしまう人もいます。

　そのような望まない結果が届いたときこそ、冷静に今後のことを考えてほしいと思います。日本年金機構から届く不支給や却下の通知は、その詳細な理由が明記されていません。一般の人にはわかりにくい法律用語で表現され、具体的でもありません。では、どうするかをみていきましょう。

■ **不支給、却下になりやすい代表的なケース**
- 初診日の医療機関のカルテの保存がない。客観的証拠書類が何も残っていない。
- 診断書の状態が認定基準を満たしていない。

 チャンスは残されています

　不支給や却下が届いたとしても、巻き返すチャンスは残されています。それが、**審査請求、再審査請求（不服申し立て）**という制度です。

手続きの基本と困ったときの対処法
結果が出てからと更新するとき
⑭

　この制度を円滑に活用するには、**診断書、病歴・就労状況等申立書**など、**請求手続きに提出した書類一式の写しがあるとよいでしょう**。手元にない場合は、書類を提出した市町村役場や日本年金機構から取り寄せることができます。大事な手続きになりますので、抜かりなく準備してください。

▶▶▶ **不服があれば審査請求を**

　不支給は、提出書類を診査したが障害の程度が基準に満たなかったなど、認定診査の結果として、支給しないと判定されたものです。

　却下は、初診日を証明するための資料に不備や不足がある、保険料の納付が足りていないなど、そもそも要件を満たしていないため診査が行えなかったことを通達するものです。

　まず、どちらなのかを確認し、**結果に不服がある場合は、通知を受け取った日の翌日から数えて3か月以内に審査請求を行う**ことができます。

　審査請求を行う上で大まかに3つのことが争点となるでしょう。
1. 初診日
2. 相当因果関係
3. 障害の状態の認定

　障害給付に係る次回の診断書の提出について「お知らせ」における診断書の提出年月に関するものや、障害給付に係る診断書の記載内容に対する不服などについては、審査請求の対象となりません。

63

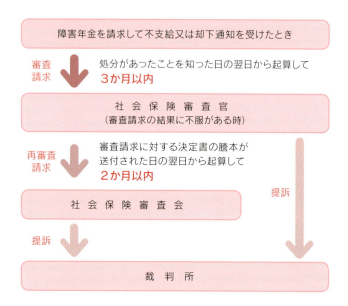

　審査請求に必要となる**審査請求書**(66 〜 67 頁)**は**、障害年金の申請書類を提出した年金事務所か、管轄区域の厚生局に連絡すると郵送してもらえます。審査請求書には、本人が自分の訴えを自由に記載することができます。書式に書ききれない場合は、別紙を付けることもできます。

　審査請求には、通常 4 〜 6 か月程度を要すことが多いでしょう。社会保険審査官が再審査を行った結果が決定書として届きます。その結果も不服とする場合は、再審査請求を行うことができます。決定書が届いた翌日から 2 か月以内に、再審査請求を行うための**再審査請求書**を社会保険審査会へ提出します。

▶▶▶ 認定診査の適正さに焦点をあわせること

　申し立ての手続きとしては、以上です。しかし、実務としてどのように進めるかをふまえる必要があります。ご自分で審査請求の手続きを行い、結果はダメでしたと肩を落とされる方の書類を見せていただくと、次のようなことが書かれているケースがけっこうあります。

　「今まで保険料をしっかり払ってきたのだから、認めてほしい」

　「生活にとても困っていて、障害年金が必要なんです」

　「障害を持っているんだから、なんとかしてくれないか」

　これらはどれも認定基準とは無関係であり、こうした訴えをどれだけ書き並べたところで結果が覆ることはないでしょう。

　大事なのは、認定基準に照らし合わせて病状がどうであるかに焦点をあわせ、感情論ではなく、根拠をもって論理的に述べることです。そのためには、障害の重さから生活の不自由が大きく、働くこともできない状態であるのに、障害等級を認定されないのはなぜなのかという理由を探る必要があります。

審査請求書（オモテ）

審 査 請 求 書

令和〇〇　年　〇〇 月 〇〇 日

関東信越厚生局社会保険審査官　殿

請求人　住所又は居所　〒〇〇〇－〇〇〇〇
所 在 地　　埼玉県さいたま市浦和区高砂１－１－１

氏 名 又 は　**厚 生 太 郎**　　㊞　⑳
名　　　　称

電　話　　　（〇〇〇）△△△－□□□□　番

> 代理人を立てられる場合に記入・押印（請求人と別の印）してください。

代理人　住所又は居所　〒

氏　　　名　　　　　　　　　　　㊞

電　話　　　（　　　）　　　　番

（請求人との関係　　　　　　　）

次のとおり、審査請求をします。

被保険者もしくは被保険者であった者	住 所 又 は 居 所	埼玉県さいたま市浦和区高砂１－１－１		「記号及び番号」欄には、被保険者証・年金手帳・年金証書の記号番号を記入してください。
	（ ふ り が な ）氏　　　名	**厚 生 太 郎**		
	生 年 月 日	大正・㊇昭和・平成　〇〇 年　〇〇 月 〇〇 日生		
	記 号 及 び 番 号			
	事 業 所 名及 び 所 在 地		電話（　　　）　　　番	
給付を受けるべき者	住 所 又 は 居 所			被保険者もしくは被保険者であった者の死亡にかかる給付について、審査請求をする場合にだけ記入してください。
	（ ふ り が な ）氏　　　名			
	生 年 月 日	大正・昭和・平成　　　年　　　月　　　日		
	死亡者との続柄			
原処分者	所 在 地			あなたが不服とする処分をした保険者等の代表者名を記入してください。
	名　　称	厚生労働大臣日本年金機構理事長（　　　　　　年金事務所）全国健康保険協会理事長（　　　　　　支部）健康保険組合理事長（　　　　　健康保険組合）企業年金基金連合会理事長　　　厚生年金基金理事長国民年金基金連合会理事長　　　国民年金基金理事長		

> 保険者が、厚生労働大臣、日本年金機構の場合は、基礎年金番号を記入、全国健康保険協会、健保組合の場合は、健康保険証記号・番号を記入

> 年金に関することは、厚生労働大臣に、免除・資格記録に関することは日本年金機構理事長に、療養費・傷病手当金に関することは全国健康保険協会理事長、または、健康保険組合理事長に、いずれかに〇を付してください。また、健康保険の場合は、支部名、または、健康保険組合名も記入してください。

66

手続きの基本と困ったときの対処法

結果が出てからと更新するとき
⑭

審査請求書（ウラ）

原処分があったことを知った日	令和 ○○ 年 ○○ 月 ○○ 日	あなたが不服とする処分をあなたが知った日（その通知書をあなたが受け取った日）を記入してください。
審査請求の趣旨及び理由	保険者の決定に対して、どういったことが不服なのか、できるだけ詳細に記入をお願いします。	あなたが、どんな処分を受けたので不服申立をするのか、その理由及び社会保険審査官にどういう決定をしてもらいたいかを、なるべくくわしく記入してください。（別紙に書いても結構です。）
添付書類	原処分の決定通知書（審査請求ができる旨が記載されているもの）の写し（※必ず添付してください） 例「国民年金・厚生年金保険支給額変更通知書」「国民年金・障害基礎年金不支給決定通知書」 「健康保険・傷病手当金不支給通知書」等	
添付書類（その他）	1　基本的には、保険者に請求された時に提出された資料を基に再度審査をしますので特に必要ではありませんが、どうしても見てほしいという資料があれば添付してください。 2	ここには診断書等を証拠として提出するときに、それ等の文書や物件の名前を列記してください。
委任状	この審査請求については（代理人）　　　　　　　　　　を 私の代理人にいたします。 　審査請求人氏名　　　　　　　　　　　　　　　　㊞ 　　令和　　年　　月　　日 　関東信越厚生局社会保険審査官　殿	代理人を立てることもできますので、代理人を立てられるときは、委任状欄に記入するとともに、表面の「代理人」のところにも記入、押印（請求人と別の印）をお願いします。

注意事項
1．代理人が審査請求するときは、代理人・・ください。
2．この審査請求は、あなたが原処分があったことを知った日の翌日から起算して3か月以内に社会保険審査官（地方厚生局内）に送付しないと、特別な事情がない限り審査をしてもらえないことになります。審査請求が遅れた正当な事由がある場合は、「審査請求の趣旨及び理由」欄に記載してください。

HP

67

⑮ 病状が悪化したら障害等級は変えられますか？

　障害年金を受給し始めた当時より病状が悪化するのは、珍しいことではないと思います。このような場合、現在の障害等級より重い等級への変更を請求することができます。これを「額改定請求」といいます。障害年金は本人の申し出によるため、自分から請求しなければ、次回の更新時までは等級が変更されることはありません。

 ▶▶▶ 額改定請求について

　額改定請求は、障害年金の受給権を得ている場合、障害認定日から1年を経過した日から行うことができます。請求が認められた場合は、請求を行った月の翌月分から変更後の等級の年金額を受け取ることができます。病状が悪化したときは早急に手続きをすることができます。

　手続きは、診断書と額改定請求書を提出します。診断書が作成された日（診断書の「障害の状態」の現症日として記載されている日付）から3か月以内に年金事務所（障害基礎年金の場合は市町村役場も可）へ提出します。

　更新時に等級変更を希望する場合は、更新時の診断書に額改定請求書を添えて提出します。その結果、等級が変わらなかった場合は、それを不服として審査請求を行うことが可能です。

手続きの基本と困ったときの対処法

結果が出てからと更新するとき ⑮

障害給付　額改定請求書（オモテ）

障害給付　額改定請求書

障害給付を受ける原因となった障害の程度が重くなったときの届
障害給付を受けられるようになった以後の疾病または負傷により障害の程度が重くなったときの届

様式第210号

共済適用表示

*基礎年金番号（10桁）で届出する場合は左詰めでご記入ください。

① 個人番号（または基礎年金番号）および年金コード
② 生年月日
③ 障害給付を受ける原因となった疾病または負傷の傷病名
④ 障害給付を受ける権利が発生した年月日
⑤ ③以外の疾病または負傷の傷病名
⑥ ⑤の疾病または負傷の初診日
⑦ 障害給付を受ける権利が発生した以降に取得した年金手帳の基礎年金番号
⑧ 障害給付を受ける権利が発生した年月日以降の職歴
⑨ あなたは現在、当該障害基礎年金、障害厚生年金または障害共済年金以外に公的年金制度から年金を受けていますか。受けている方・請求中の方は、その制度の名称および年金証書の基礎年金番号・年金コード、恩給証書等の記号番号をご記入ください。
⑩ 上記の年金を受けている方は、その支給を受けることとなった年月日
⑪ 加算額・加給年金額対象者欄
⑫ 配偶者についてご記入ください。

（裏面の「記入上の注意」をよく読んでからご記入ください。）

69

障害給付　額改定請求書（ウラ）

結果が出てからと更新するとき

■ 注意したいこと

注意すべき点は、額改定請求を行えるのは「同一傷病」であるということです。

- よくあるパターン
  会社勤務　うつ病3級　→　会社退職　うつ病2級
- 少し注意が必要なパターン
  交通事故　肢体不自由3級　→　高次脳機能障害2級

2番目の例は、傷病の原因となったものが両方とも同一の交通事故と判断され、同一傷病と扱われたケースです。この場合は額改定請求ができます。肢体の障害と精神の障害では使用する診断書が違うため、扱いが異なると考えがちですが、同一傷病として扱われるケースもあります。

1年を待たなくてもよい障害もあります

障害の状態によっては、1年を待たずに額の改定請求が行えます。受給権を取得した日、または障害の程度の診査を受けた日のどちらか遅い日以降に、次頁にあげた障害の状態に該当する場合です。

額改定請求を行う際には、提出する日前3か月以内の障害の状態が記載された診断書を額改定請求書に添付します。

▶1年経過前から額改定請求を行える状態

1 眼・聴覚・言語機能	・両眼の視力の和が 0.04 以下のもの ・両眼の視力の和が 0.05 以上 0.08 以下のもの ・8 等分した視標のそれぞれの方向につき測定した両眼の視野がそれぞれ 5 度以内のもの ・両眼の視野がそれぞれ 10 度以内のもの、かつ、8 等分した視標のそれぞれの方向につき測定した両眼の視野の合計がそれぞれ 56 度以下のもの ・両耳の聴力レベルが 100 デシベル以上のもの ・両耳の聴力レベルが 90 以上のもの ・咽頭を全て摘出したもの
2 肢体	・両上肢のすべての指を欠くもの ・両下肢を足関節以上で欠くもの ・両上肢の親指および人差し指または中指を欠くもの ・一上肢のすべての指を欠くもの ・両下肢のすべての指を欠くもの ・一下肢を足関節以上で欠くもの ・四肢または手指若しくは足指が完全麻痺したもの (脳血管障害または脊髄の器質的な障害によるものについては、当該状態が 6 月を超えて継続している場合に限る) ※完全麻痺の範囲が広がった場合も含む。
3 内部	・心臓を移植したものまたは人工心臓 (補助人工心臓を含む) を装着したもの ・心臓再同期医療機器 (心不全を治療するための医療機器をいう) を装着したもの ・人工透析を行うもの (3 月を超えて継続して行っている場合に限る)
4 その他	・6 月を超えて継続して人工肛門を使用し、かつ、人工膀胱 (ストーマの処置を行わないものに限る) を使用しているもの ・人工肛門を使用し、かつ尿路の変更処置を行ったもの (人工肛門を使用した状態および尿路の変更を行った状態が 6 月を超えて継続している場合に限る) ・人工肛門を使用し、かつ、排尿の機能に障害を残す状態 (留置カテーテルの使用または自己導尿 (カテーテルを用いて自ら排尿することをいう) を常に必要とする状態をいう) にあるもの (人工肛門を使用した状態および排尿の機能障害を残す状態が 6 月を超えて継続している場合に限る) ・脳死状態 (脳幹を含む全脳の機能が不可逆的に停止するに至った状態をいう) または遷延性植物状態 (意識障害により昏睡した状態にあることをいい、当該状態が 3 月を超えて継続している場合に限る) となったもの ・人工呼吸器を装着したもの (1 月を超えて常時装着している場合に限る)

手続きの基本と困ったときの対処法
結果が出てからと更新するとき
⑯

更新するときは
何に気をつけたらいいの？

　障害年金の更新に関して、次の更新が続くのか心配で仕方ないというご相談を受けます。万が一、障害年金が支給停止になった場合であっても、慌てずにこれからのことを考えていきましょう。

 有期認定は1～5年で更新を行います

　新聞報道等で、障害年金の打ち切りと表現されることもありますが、正確には「支給停止」です。停止ですから、病状などに変化があれば支給は再開されます。その届け出の書類が「障害給付受給権者支給停止事由消滅届」（以下、支給停止事由消滅届）です。これについては後述します。

　障害年金の支給が決定されると、年金証書が届きます。届いた年金証書には「次回診断書提出年月」が記載されています（74頁の色枠内）。障害年金の有期認定は1～5年で、支給開始から数年ごとに更新を行います。次回診断書提出年月は誕生月となります。初診日が共済組合（1・2級該当者）の場合や永久認定の場合は記載がありません。

　誕生月の3か月前の月末に、日本年金機構から「障害状態確認届」という通常の診断書よりも厚めの書類が届きます。これが更新のための診断書になります。提出期限内に障害状態確認届（診断書）を提出し、更新の診査を受けることになります。提出期限内に

73

年金証書の「次回診断書提出年月」を確認

国民年金・厚生年金保険年金証書

年金の種類	基礎年金番号	年金コード

受給権者の氏名

受給権者の生年月日　　　年　　月　　日　受給権を取得した年月　平成　　年　　月
上記のとおり、国民年金法による年金給付・厚生年金保険法による保険給付を行うことに決定したことを証します。

平成　　年　　月　　日　　　　　　　　　　　　厚生労働大臣

Ⅰ　厚生年金保険　年金決定通知書

1. 年金の種類と年金決定の根拠となった厚生年金保険法の条文　　厚生年金　厚生年金保険法　第　条の
2. 年金額の内訳

支払開始年月	基本となる年金額（円）	加給年金額または加算額（円）	繰上げ・繰下げによる減算・加算額（円）	支給停止額（円）	年金額（円）
元号　年　月					

支給停止理由	支給停止期間	年　月〜　　　年　月まで

3. 加入期間の内訳

加入期間	月数
①厚生年金保険の加入期間	月
②厚生年金保険の戦時加算期間	月
③船員保険の戦時加算期間	月
④沖縄農林期間	月
⑤沖縄免除期間	月
⑥離婚分割等により加入者とみなされた期間	月
⑦旧令共済組合期間	月

5. 平均標準報酬額等の内容

厚生年金保険の加入期間の種類	月数	平均標準報酬額（平均標準報酬月額）
①平成15年3月までの期間	月	円
②平成15年4月以降の期間	月	円
③平成15年3月までの厚生年金基金期間	月	円
④平成15年4月以降の厚生年金基金期間	月	円
⑤昭和61年3月までの坑内員又は船員であった期間	月	円
⑥昭和61年4月〜平成3年3月の坑内員又は船員であった期間	月	円
⑦昭和61年3月までの坑内員であった厚生年金基金期間	月	円
⑧昭和61年4月〜平成3年3月の坑内員であった厚生年金基金期間	月	円

4. 加給年金額対象者等の内訳

加給年金額対象区分	配偶者（区分　）子　人
遺族加算区分	

Ⅱ　国民年金　年金決定通知書

1. 年金の種類と年金決定の根拠となった国民年金法の条文　老齢　基礎年金　国民年金法　第　条の
2. 年金額の内訳

支払開始年月	基本となる年金額（円）	加算額（円）	繰上げ・繰下げによる減算・加算額（円）	支給停止額（円）	年金額（円）
元号　年　月					

支給停止理由	支給停止期間	年　月〜　　年　月まで	加算額対象者	人

3. 年金の計算の基礎となった保険料納付済期間等の内訳

		第1号期間（国民年金加入期間）		第2号期間（厚生年金・共済年金加入期間）		第3号期間（厚生年金・共済年金加入者に扶養されていた配偶者の期間）
国民年金の保険料納付済期間等	納付	月（　）	厚生年金保険	月		月
	4分の1免除	月（　）				
	半額免除	月（　）				
	（付加）	4分の3免除	月（　）	共済組合	月	
		全額免除	月（　）			

※ 国民年金の保険料納付済期間等の第1号期間における
免除期間の（　）内の月数は平成21年4月以降の月数です。

※診断書の種類は、裏面をご覧ください。

Ⅲ　障害基礎・障害厚生年金の障害状況

障害の等級	級
診断書の種類	
次回診断書提出年月	年　月

令和　年　月　日

　　　　　　様

上記のとおり決定しましたので通知します。

厚生労働大臣

診断書を提出できなかった場合は、年金が一時的に支給停止になりますが、診断書を提出し障害の状態に該当すれば、障害年金を継続して受けられます。

障害状態確認届を提出していないために、長期間障害年金の支給が停止になってしまった場合は、当時に提出すべきだった障害状態確認届、また支給が停止していた間の誕生月の診断書を提出することによって、過去の障害の状態の診査を受け、遡って障害年金を受け取ることも可能です。

障害の状態が反映される内容になること

更新の手続きには、障害年金の請求時に記載した「病歴・就労状況等申立書」などの書類を作成する必要はありません。

診断書（障害状態確認届）のみの診査となり、病状等が反映されていない診断書の場合、障害年金の支給停止になることもあります。そのため、病状や日常生活の不自由さ、労働能力などが実態を反映した内容になっているかどうかが重要になります。

支給停止になっても再開は可能です

診査の結果は、書類を提出し約4〜5か月後に通知されます。もし、障害等級が下がってしまい、その結果に不服がある場合は、まずは審査請求を行う流れとなります。1年程度経過したときは、前項で紹介した「額改定請求」を行うこともできます。障害等級に該当しないほど障害の程度が軽くなったと判断されたときは、支給停止となります。

障害の状態が軽くなり、障害年金を受けられなくなってしまった方もいることでしょう。一度支給が停止されたとしても、65歳に到達する

まで(65歳の誕生日の2日前)の間に障害の程度が重くなった場合は、届出をすることで再度障害年金を受け取れる可能性があります。「65歳の2日前まで」または「支給停止になってから3年経過」のどちらか遅いほうまでに届出を提出しましょう。

　診断書の現症日で停止が解除されます。いつから症状が重くなったのかを確認してみてください。

　このときに登場するのが「支給停止事由消滅届」です。診断書と一緒に提出することにより、再び障害年金を受給できる可能性があります。障害の状態に該当すれば、診断書の障害の状態の現症日として記載される日付の翌月から支給されます。いつから病状が悪かったのかを思い返し、その時期、日付を医師へ伝えられるとよいでしょう。

審査請求と並行する方法もある

　たとえば、「数年前まで障害年金を受け取っていたが、病状が改善し就労していた。支給停止の期間が数年あるが、再び病状が悪化した」という場合に、「支給停止事由消滅届」を使って受給の再開を考えたとします。しかし、診査の結果が不支給の場合は、処分を不服として審査請求、再審査請求を行うことができます。しかし、これらの請求には多くの時間がかかり、1年以上を要してしまうことも稀ではありません。

　そのため、この結果を待たずに同時進行で再び診断書を依頼し、支給停止事由消滅届を提出するのも一つの手段です。同時進行といっても、支給停止された診断書と同様の内容の診断書では同じ結果となってしまうため、病状を確認しながら少し間をおいてから診断書を依頼するのがよいでしょう。

手続きの基本と困ったときの対処法

結果が出てからと更新するとき ⑯

支給停止事由消滅届

様式207号

老齢・障害給付　受給権者支給停止事由消滅届
（受給権者が下記④の事由に該当したときの届）

受給権は失わない

病状の改善 数年間

←障害年金受給→ ←──── 支給停止 ────→ ← 受給 →

受給権者支給停止事由消滅届
＋
診断書

　働いたら障害年金が止まるのではないかという相談は多く、支給停止が怖くて働けないという声もよく耳にします。働けるくらいに病状が改善されたと主治医が判断し、診断書の内容が軽めに仕上がり、結果として支給停止となってしまうことは少なくありません。しかし、長期的に安定して働けるのかは、また別となります。

　医師に遠慮して診察を受ける必要はなく、日常生活の不自由さや生きづらさなどは積極的に伝えたいものです。障害年金への対応も、状況にあわせて進めていくことが大切です。

⑰ 更新時に等級が下がってしまった。どうしたら…

　更新時に障害等級が下がるのは、生活や就労にかかわる困難が大幅に改善されているのであれば、喜ばしいことでしょう。しかし、現実にはそうした例はほとんどなく、等級だけが下がったと嘆く声が大半です。障害年金が経済の柱になっている人も多く、たとえば、それまで2級の障害年金を受けていた人が、3級へ等級が落ちてしまった場合、その後の生活に大きな影響をおよぼします。

 ### 診断書の内容を見比べるところから

　更新時に障害等級が下がってしまったときは、はじめに、**請求時の診断書と更新時の診断書を見比べ、どこが前回と異なるかを確認してみてください**。手元に診断書の写しがない場合は、最寄りの年金事務所へ連絡し、早々に取り寄せます。概ね1か月程度で送付してもらえます。

　等級落ちとなった原因に納得できない場合の審査請求は、概ね4〜6か月程度で結果が届きますが、再審査請求の場合は、審議日程が決まるまでに6〜8か月かかり、結果が出るまでにさらに3か月程度かかるため、長丁場の闘いとなります。その間に、同時進行で額の改定請求を行うことも可能です。額改定請求を行った場合は、その日から1年間は額の改定請求ができなくなるため、注意が必要です。

等級落ちへの対応

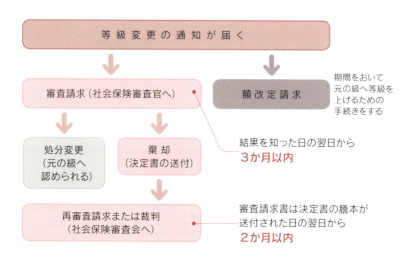

 不服申し立ての根拠を見つけ出します

　審査請求を行うときは、不服を申し立てるに見合う相応の根拠を持ちたいところです。今まで2級を取得していたにもかかわらず、等級目安表で3級に該当する可能性があるのであれば、病状がよくなったのか、日常生活の制限が軽くなったのかを考えてみます。

　2級に該当する状態にもかかわらず、等級落ちをしてしまう原因としては、日常生活活動能力の判定と程度についてのチェック欄が影響したり、現症日の就労状況についての記載内容などが考えられます。

　就労については、保護的環境下にあるか、個別的な配慮を受けているかなどが関係するため、それらの状況が未記載であれば、そのあたりが糸口になります。

手続きの基本と困ったときの対処法
結果が出てからと更新するとき
⑱

近年の制度改正について
教えてください。

　障害年金という制度は、細かな改正が頻回に行われます。よほど気をつけていないと、いつ変わったか見過ごしてしまいますし、変更したらしいことは知っていても、内容が難しくわからずにいることもあるでしょう。年金事務所や役所に定期的に確認するとともに、社会保険労務士など専門家のかかわりを得ているなら、よく確認するようにしてください。

20歳前に初診日がある障害基礎年金の書類簡素化

　20歳前に初診日がある障害基礎年金の請求について、**初診日が18歳6か月前に受診したことが確認できる場合は、最初に受診した医療機関の受診状況等証明書の添付は不要**です。障害基礎年金請求者の負担軽減を図るため、初診日を明らかにする書類が2019年2月に簡素化されました。

マイナンバーによる情報連携の取り扱い

　マイナンバーによる行政機関間の情報連携の仕組みを活用し、年金給付関係の各種届出の事務手続きについて添付書類の省略を開始しました。住民票や所得証明(一部)の添付を省略することができま

す（2019年7月より）。

20歳前の障害基礎年金受給者の更新月変更

　20歳前の障害基礎年金受給者はこれまで7月が更新月でしたが、その更新が誕生月に統一されています（2019年8月より）。日本年金機構から発送される更新のための障害状態確認届（診断書）の送付時期も誕生月の3か月前の月末に届きます。

額改定請求に伴う診断書の作成期間の拡大

　額改定請求書に添付する診断書は、2019年8月以降の請求分から、提出する日前3か月以内の現症日へと作成期間が拡大されています。

年金生活者支援給付金が支給

　消費税率が10％に引き上げとなった2019年10月から施行されています。障害年金の振込口座に年金とは別に以下の金額が振り込まれます。
- 障害等級1級　月額約6,000円（年額約75,000円）
- 障害等級2級　月額約5,000円（年額約60,000円）

【支給要件】
1　障害基礎年金の受給者であること
2　前年の所得[*1]が約 472 万円以下[*2]であること
　[*1]　障害年金の非課税収入は給付金の判定に用いる所得には含まれない。
　[*2]　20 歳前障害基礎年金が支給停止となる所得基準額と同額となるよう設定。扶養親族等の数に応じて増額する。

　支給要件を満たしている人には、日本年金機構から給付金の請求手続きに必要な書類が届きます。原則、添付書類は不要です。障害年金を新規で手続きする人については、年金の裁定手続きをする際に請求書を提出することができます。

「眼の障害」の障害認定基準が変更

　2022 年 1 月 1 日からの改正です。ポイントは、①身体障害者手帳との関係を明確化、②従来の両眼判定から「良い方の眼の視力」へ変更、③視野障害の認定基準について、従来のゴールドマン型視野計に加え自動視野計に基づく認定基準を創設、となります。この改正により、初めて認定されるようになった方や上位級になった方もいます。

第 2 章

よくある事例の
分かれ道
ツボはここ！

請求手続きが思うように進まない、

不支給や等級落ちの憂き目に遭うなど、

特に相談としてあがることの多い事例には、

要因に一定の傾向があります。

上手にクリアしたケースを通して

押さえどころをみていきます。

Case 01 実態と診断書の内容にずれを感じたら

うつ病と診断されて10年ほど経つ30代前半の女性です。大学卒業後、就職して2年後に発症し、退職後はずっと家で過ごしてきました。就労できない状況が続いているため、障害年金を請求しようと医療機関に診断書を依頼しました。
ところが、診断書を受け取ってその内容に愕然としました。毎日がつらく絶望しているのに、そのような記載がどこにもなく、就労もできる状態と書かれていました。あまりにも現実と違い過ぎて困っています。どうしたらよいでしょうか。(A)

●●● 医師から聞くことが必要なときも

さて、困りました。このケースのように違っていると、そのまま年金事務所に提出するわけにはいかないでしょう。診断書の追記や訂正を依頼できる状況には、大きく分けて3つあります。

・**明らかな記載ミス**がある（日付の誤りや誤字脱字など）。
・必須記載事項であるのに、**記載が洩れている**。
・日常生活能力などについて、**実情と明らかな隔たりがある**。

上の2つについては、すんなり医師に言うことができそうです。記載の間違いや洩れであれば、医師もすぐに訂正してくれるでしょう。問題は3つめです。この点を医師に指摘するのはかなりハードルが高いよう

で、相談を受けていても、多くの方が困っています。特にAさんのような うつ病の人は、ご自分の病状もあって、遠慮されたり、言わなくては いけないと思って具合を悪くされたりする方もいます。

しかし、その診断書で認定診査医員は診査を行い、あくまでも診 断書の内容から結果は導かれます。そのため、診断書に書かれている 内容は現状を反映していることが望ましいでしょう。医師に訂正を強 要することはできませんが、その内容について、医師がどのような判 断からそのように記載したのかを聞いてみることはできるのではない でしょうか。

● ● ● まずは自己チェック!

ただし、いきなり「なんでですか」「理由を教えてください」などと聞 くのは、医療の専門家に対して明らかに失礼です。理由があっても、 説明を求められることに立腹される医師もいます。

医師に記載の理由を尋ねる前に、まず以下について自己チェック してみてください。実態とずれのある診断書が作成された理由は、もし かしたら患者の側にあった可能性もあります。思い当たるものはないで しょうか。

・受診時はいつも医師の前でよい子を演じてしまう。
・薬が増えることをおそれて、悪い病状を医師に伝えていない。
・診察の日はできるだけ体調がよくなるように努力し、結果として医師 は体調の良いところしか見ていない。
・診察時間が短く、日常生活の詳しい病状やつらさまでは話していない。
・人と会うのもつらいくらいで、医師との診察も短時間で切り上げられ るよう言動や態度に示している、あるいはそれを願い出ている。
・治療をしてくれている医師に病状が悪くなったと言うと、失礼になる

のではないかと考え、よいことしか言わない。

・人としてのプライドから、つらい、悲しいといったことを医師に言えない。

・医師が忙しく、聞く耳をもってくれない。

　病状とかけ離れた内容の診断書ができあがる要因は、こちら（患者）にあったかもしれないと考え、上記にあてはまるものがあれば、そのことを依頼した側に不十分な点があったとして伝えた上で、記載内容について尋ねるという謙虚さは、やはり必要と考えます。

● ● ● ● こちら側の至らなさも原因になる

　Ａさんにそのことを伝え、上記を自己チェックしてもらいました。すると、7つのうちなんと4つが該当し、主治医がＡさんの日常生活のなかでのつらさや病状の波、就労の実現可能性を正確に把握していないだろうことがうかがわれました。

　特に精神の障害用の診断書の場合は、眼や聴覚の障害で使用される診断書のように検査の数値に基づいて評価される項目がなく、患者の主訴や診察のなかで確認される病状から診断書が作成されるため、Ａさんから聞いた受診の様子からは、診断書に実態が反映されていないのもうなずけました。

　そこで、Ａさんが日常生活のなかで困っていること、生きづらさなどを箇条書きにして書き出してもらい、それを次回の受診時に医師へ渡してみることを提案しました。

● ● ● ● 簡潔な箇条書きにして医師へ渡す

　次の受診のとき、Ａさんは医師へ経緯を話し、お詫びの言葉とともに診断書の相談をしました。箇条書きにしたメモを手渡すと、医師は

憮然とされたようですが、中身を確認し「わかりました」と言われたそうです。

後日、医師は診断書の内容を訂正されました。自分のおかれている状況が診断書に十分に反映されていることを確認したAさんは、自分のつらさ、生きづらさが医師に伝わったという安堵の気持ちから、重い心がふっと軽くなったそうです。

Aさんは障害基礎年金2級に認定されました。

●●● 訂正は体裁も確認

Aさんの場合は、診断書の訂正箇所が多かったため、作り直されたとのことでしたが、実際には一度作成した診断書に追記されることも多いと思われます。訂正箇所には二重線が引かれ、医師の署名捺印に使用された印鑑と同じ印鑑で訂正印が押されています。訂正を確認するときは、内容とあわせてその体裁を確認してください。

●●● メモを作るときのポイント

診査にかかわる診断書の重要項目は、裏面の「日常生活能力の判定」と「日常生活能力の程度」であると、第1章で紹介しました。ただし、チェック式で評価されるこれらの項目は、医師によってさじ加減が微妙に異なるところでもあります。項目は以下のとおりです。

(1) 適切な食事
(2) 身辺の清潔保持
(3) 金銭管理と買い物
(4) 通院と服薬
(5) 他人との意思伝達および対人関係
(6) 身辺の安全保持及び危機対応
(7) 社会性

7項目のチェックにあたっては、「単身で生活するとしたら可能かどうかで判断してください」と診断書の作成者（医師）向けに注記されています。これは、たとえ支援が常態化した環境下にあり、日常生活が安定した状況にあっても、単身で支援がなければどうなのかを判断してくださいという意味です。しかし、実際には、このように判断されない例も多々あります。

　たとえば、「適切な食事」について、単身で可能か否かをいうなら、食材を自分で買いに行き、食事を作り（調理し）、配膳して食事し、食後に食器を洗うところまでの一連の作業ができるかどうかで判断する必要があるとして、チェックする選択肢を決めている医師もいれば、目の前に出されたパンを手で持って食べることができたというだけで、「できる」にチェックする医師もいます。

　「金銭管理と買い物」についても、自分で買い物へ行き、商品の値段は懐事情とも相談して妥当かどうかまでを本人が考えられることを判断の基準にする医師と、自宅近くのコンビニへ歩いて買いに行けるだけで「できる」と判断する医師がいます。

　いうまでもなく、どちらの例も両者の能力はまったく異なります。医師により判断の基準が異なることをふまえると、診断書の作成を依頼する段階から、日常生活や就労にかかわる困難の内容、つらいなどの心の状態を、できるだけ具体的に医師へ伝えておくべきでしょう。

神経症だと認定されない？

40代の男性です。長年にわたり強迫性障害を患ってきました。就職は一度もしたことがなく、親の世話になり続けて現在に至ります。怠けていると言われることが多く、自分を責めて自殺未遂も数回あります。就労できないので障害年金を請求しましたが、「却下」の結果が届きました。受給はできないのでしょうか？（B）

●●● 原則は対象外

強迫性障害については、第1章でも説明したとおり、原則として障害年金の対象とされていません。ICD10コードのF4から始まる「神経症性障害、ストレス関連障害および身体表現性障害」です。

Bさんのように神経症を長年患い、特別に効果のある治療法もなく、生活の苦しさだけが延々と続いていく方は少なくありません。しかし、障害年金は認められないというのが厳しくも現実です。

では、方法がまったくないかというと、そうではありません。考えられる手立てをみていきましょう。

●●● 他の精神障害で診断される可能性も

本人が訴える症状は同じであっても、診断名が異なるということがあります。特に、精神の障害では相談事例のなかに散見されます。Aさん、Bさん、Cさんの症状がほとんど同じなのに3人とも診断名が異なる場合もあれば、Bさん1人について、時間が経って診断

名が変わることもあります。転院して病名が変わることもよくあり、これについては相談件数もかなり多いです。

強迫性障害の場合、確認行為（何度も手を洗ったり、何度も鍵がかかっているかを確かめたり）がつらいとの訴えが前面に出ていきやすいため、強迫性障害と診断されることは多いでしょう。

しかし、それとあわせて気分の落ち込みが強いことを訴え、むしろそちらが主訴、主症状とみられてうつ病と診断されることもあります。あるいは、統合失調症としての症状が認められて診断されることもあります。診断名によって、障害年金を受給できる可能性が一変するわけですから、患者にとっては大問題です。

精神の障害と病名の関係は、大きな木にたとえるとわかりやすいかもしれません。さまざまに枝分かれし、枝1本ずつ病名は違いますが、精神の障害という幹の部分は同じで、症状やそれによる支障に似通ったものも出てくるという具合です。

障害年金の対象とされていない傷病であっても、対象とされている傷病と同等の障害が現に生じているのであれば、受給の可能性を何

病名がちがっても生活上の支障は似通っている

とか見出したいところです。そして、その可能性はあります。第1章②で紹介（14頁）したように、障害認定基準には「ただし、その臨床症状から判断して精神病の病態を示しているものについては、統合失調症又は気分（感情）障害に準じて取り扱う」と示されています。

つまり、原則があれば例外もあるということです。

●●● 提出した診断書に基づくこと

さて、Bさんのケースをみていきます。Bさんは、強迫性障害を発症後、二次障害としてうつ症状が生じていて、そのことは診断書にも記載されていました。抑うつ状態を評価する「障害の状態ア」欄の「Ⅰ 抑うつ状態」です。「憂うつ気分」と「自殺企図」に○が付き、医師が症状として認めていたことが確認できました。

⑩	障　害　の　状　態

ア　現在の病状又は状態像（該当のローマ数字、英数字を○で囲んでください。）

前回の診断書の記載時との比較（前回の診断書を作成している場合は記入してください。）
　　1　変化なし　　　2　改善している　　3　悪化している　　4　不明
　Ⅰ　抑うつ状態
　　1　思考・運動制止　　2　刺激性、興奮　　③　憂うつ気分
　　④　自殺企図　　　　　5　希死念慮
　　6　その他（　　　　　　　　　　　　　　　　　　　　）

●●●「意見書」という打開策

これなら審査請求で認められる可能性はあると考えました。障害年金の請求では、結果を不服として審査請求を行うときに、内容そのものが大幅に書き直された診断書は考慮されないのが通例です。最初に提出した診断書などの書類の内容に、審査請求を行うだけの何かしらの根拠が必要になります。

Bさんの抑うつ状態を主治医が認めていたことを確認後、Bさんの受診に同行し、医師に経緯を説明させていただきました。すると、Bさ

んは二次障害が高じてうつ病も発症しているとのことでした。

そこで、医師がそのことを証明する意見書（任意の様式）の作成を相談しました。Bさんのつらい状況を長年の付き合いから知っていた医師は承諾してくれました。意見書には以下のポイントが盛り込まれました。

・病状にはどのような症状があるか。

・気分の変動はあるか。

・日常生活において誰にサポートしてもらっているか。常時援助か、随時援助か。

・就労はできるか。

・今後の予後はどうか。

なお、意見書は診断書と同様、医師の権限により作成されるものです。医師から意見書をいただけなかったとしても、審査請求で認定されることもあります。

● ● ● 大事なのはあきらめない気持ち

審査請求を行った後、時間はかかりましたが、Bさんは障害基礎年金2級に認定されました。医師の意見書の内容から、日常生活能力の支障が大きいと判断されたことが推察されました。

はじめに述べたように、神経症圏の疾患は原則として障害年金の対象としては認められていません。紹介した医師の意見書による打開も、あくまでも1つの事例です。大事なのは、障害の状態が重く生活の支障が大きい場合に、神経症だからとあきらめないことです。認定される可能性がないわけではないということを頭の片隅に置いておいてください。

夫婦で障害年金を受けられますか？

40代半ばの男性です。妻と子どもが2人います。仕事のストレスでうつ病になり、休職を繰り返した末に退職しました。妻は働いたことがなく、就職に思いきれず、やがて経済的に苦しくなり、思い悩むうちに妻もうつ病を発症しました。夫婦で障害年金を受給することはできますか？（C）

●●● 夫婦ともにうつ病はよくある

うつ病を発症した夫を支える妻がうつ病を発症し、夫婦で精神科にかかっているのはよくあるケースです。どちらも働けないとなると、経済的に行き詰りやすく、障害年金を受給したいと考えるのは当然のことと思います。夫婦で受給する場合のポイントをみていきます。

●●● 家計が苦しくなっていく典型例

相談があったCさんの家族構成は、退職した夫（Cさん）46歳、専業主婦の妻43歳、高校1年生の長女16歳、中学1年生の次女13歳です。

夫婦のうつ病の初診日は、次のとおりです。
- 夫……平成20年7月（厚生年金）
- 妻……平成24年8月（国民年金）

次に、夫婦がうつ病を発症した経緯です。Ｃさんは、長時間労働から気分が落ち込む日が多くなりました。体調が悪いときは、早退もしながら会社勤務を続けていましたが、気分の落ち込みがひどくなり、集中力や思考力、判断力の低下から、仕事でミスを連発するようになりました。精神科を受診したところ、うつ病と診断されました。しばらく療養すれば治るといわれ、傷病手当金を使って休職し、ほどなく復職しました。しかし、すぐに体調を崩し、再び休職しました。

　その後も復職と休職を繰り返し、その間に住宅ローンや子どもの学費など生活費が重くのしかかり、夫婦が言い争うことも増えていきました。金銭面で行き詰り、妻は夫のＣさんに会社に行ってほしいと懇願しましたが、体調が悪いＣさんは働けず、妻につらさをわかってもらえない憤りから、「おまえが働け」と言うと、今度は妻が精神的に追い詰められました。

　妻は結婚以来、一度も働いたことがなく、自ら社会に出ていかなくてはならないことへの精神的な負担から落ち込み、家事もできなくなりました。Ｃさんが通院している病院を受診すると、うつ病と診断されました。

● ● ● ● 誰からどのような援助を受けているか

　このパターンは、生活状況からは障害年金を受給できる可能性がありますが、適切に状況を伝えられないと認定を得るのは難しくなります。同居する家族が支えることで支障として顕在化されないと、「日常生活能力の判定」や「日常生活能力の程度」が実際の困難の度合いより軽く評価されることも考えられます。

　夫婦で請求手続きを行うときのポイントは、日常生活は誰に援助を受けているのかを医師へ明確に伝えることです。子どもたちや近所に住む夫婦の両親、知人など、お世話になっている人とサポートの内

容が診断書に盛り込まれることが望ましいでしょう。

単身(一人)ではできないのであれば、一人でいるとできないことや援助する人が必要なことを伝えたほうが事実関係としては正確に伝わります。

●●● 配偶者加算、子の加算について

認定されたときの配偶者加算や子の加算をみてみましょう。Cさんは、保険料の納付要件は満たしていて、障害年金2級の受給が想定されます。

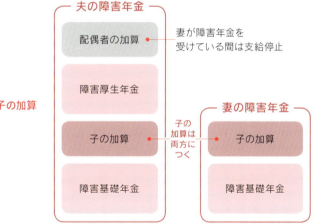

配偶者加算と子の加算

夫婦をそれぞれ単独でみると図のとおりですが、**妻が障害年金を受け取る間は、夫の配偶者加算は支給停止**になります。

夫が障害年金を受給していても、妻の受給額は変わりません。また、子の加算は夫婦両方につきます。妻は、障害年金をあわせた年収が180万円以下であれば、夫の扶養に入り続けることもできます(夫が健康保険加入の場合)。

● ● ● 入念な書類の準備でクリア

さて、Ｃさんには、夫妻2人分の診断書を医師へ依頼するにあたり、日常的に夫妻の両親から支援を受けていること、家事は中高生の娘2人が分担して行っていることが内容に反映されるよう、その具体的な状況をメモにして医師へ渡してもらいました。

病歴・就労状況等申立書には、誰が食事を作っているのか、洗濯や掃除、部屋の片づけは誰が行っているのか、日常生活に必要な買い物はどのようにして行っているのか、服薬など療養上の管理に家族がどう援助しているのか、外出時の付き添いの必要性などについて、細かに記載しました。

精神疾患の場合、衣服の着脱など身体にかかわる介助を行うことはないでしょう。でも、**声掛けも援助に含まれます**。夫婦の自閉的な状況に対し、食事を摂るように声を掛けたり、薬を飲んだか確認したりする行為も援助に該当します。

Ｃさん夫妻は、日常生活のなかでさまざまなサポートを受けていることが診査で認められ、夫婦揃って障害年金を受給できることになりました。

Case 04 カルテがない！20歳前障害の場合

34歳の男性、統合失調症です。病院のソーシャルワーカーから障害年金のことを教えてもらいました。早速、年金事務所へ手続きに行ったところ、「受診状況等証明書」を初診の病院に書いてもらうように説明されました。初診は17年前の高校生のときに親に連れられて行ったA病院です。病院に確認したところ、「5年でカルテは処分したので書けません」と言われてしまいました。どうしたらいいでしょうか。（D）

●●● 初診日の証明を探そう

精神疾患で20歳前に初診日がある方にはおおむね3つのパターンがあります。

①後天性疾患（統合失調症、うつ病、躁うつ病など）→Dさん
②先天性疾患（知的障害のない発達障害など）
③知的障害（療育手帳を取得している）

上記の①②の方は、必ず初診日を証明しなければなりませんが、③の方は、**療育手帳を取得できているという事実をもって初診日は出生日となります。**

Dさんのように、初診の病院に電話してもカルテが残っていない場合は、他の書類で初診日を証明する必要があります。あきらめずにていねいに探していきましょう。次のように整理して進めていきます。

99

受診状況等証明書がない場合、他の証明の探し方（例）

(1) 過去に受診した病院を時系列にまとめる。まずは頭を整理しましょう。

受診歴
1990年 A病院
2001年 B病院
2008年 C病院
2013年 D病院

(2) 古い病院から順に電話してカルテが残っていないか確認。残っていた病院のカルテに20歳前の通院歴が書かれていないか確認する。5年以上前の古いカルテなら証拠になる。

● カルテ

↓

(3) **物証**を探す

※診察券、領収証、お薬手帳、精神手帳……
※総合病院や内科の診察券では治療内容が特定できないため、それのみでは認められません。

● 診察券
● お薬手帳
● 領収証

↓

(4) 初診の頃の状況を知っている人を探し、**「第三者証明」**を書いてもらう。

● 第三者証明

※初診日を特定できなくても、20歳前の通院が証明できればOK
※(1)～(4)の順番は一例です。

あきらめないで、ていねいに探してみよう

よくある事例の分かれ道　ツボはここ！
Case 04　カルテがない！20歳前障害の場合

●●● 最終手段は「第三者証明」

　Dさんは(1)から順に取り組み、まず通院歴を整理しました。次に(2)では過去に受診した病院にカルテが残っており、前医の記入はあるものの20歳前の通院歴の記載はありませんでした。(3)でも、10代の頃に使っていた診察券など物証も見つかりません。そして、最後の(4)で「初診日に関する第三者からの申立書（第三者証明）」を書ける方を探しました。

　Dさんは高校時代に発症していたので、当時のことを知る同じクラブ活動の友人にあたったところ、幸いなことに友人たちが当時のDさんの状況をはっきり記憶していました。そして、2人の友人に書類を書いていただき、初診日が20歳前と認められました。

●●● 「第三者証明」の留意点

第三者証明を活用する際の留意点を整理します。
・民法上の三親等以内の親族に書いてもらっても認められません。たとえば、叔父・叔母・姪・甥ではダメです。他人であれば、お友達や家のお隣さんなど、誰でも第三者に該当します（47〜49頁）。
・第三者は、本人が病院に行っている場面を直接見ていなくても、家族や本人からその話を聞いている場合でも証明になります。原則、2名以上の証明が必要です。
・第三者が本人から最近聞いてまもない話ではなく、5年以上前に聞いた話であれば、証言として信ぴょう性のあるものとして扱われます。5年も前に聞いた話であれば、障害年金の請求を意識して発言したものではないだろうと判断されるからです。

○第三者証明に必要な情報
　・発病から初診日までの症状の経過

初診日に関する第三者からの申立書（第三者証明）

初診日に関する第三者からの申立書（第三者証明）

　　私（申立者）は、障害年金の請求者　　　　　Dさん　　　　　　の初診日頃の受診状況などを知っていますので、以下申し立てます。

知ったきっかけ

　　私（申立者）が申し立てる請求者の受診状況などは、

　　1．直接見て知りました。

　　②　請求者や請求者の家族などから聞いて知りました。
　　　　なお、聞いた時期は（ 昭和・平成・令和　　　年　　　月　　　日 ）頃です。

請求者との関係

　　見た（聞いた）当時の関係：　　友人　　　　　　　　現在の関係：　　友人

○傷病名：　総合失調症　　　　　　○初診日：昭和・平成・令和　　　年　　　月　　　日頃

○医療機関名・診療科：　●●病院　精神科　　　　　○所在地：　●●県　●●市・・・

申立者が知っている当時の状況等

※記入いただく内容は、別紙『初診日に関する第三者からの申立書（第三者証明）を記入される方へ』の「裏面」をご覧ください。
申立者が見たり聞いたりした当時に知った内容のみを記入してください。記入できない項目があっても構いません。

　Dさんと私は、高校時代同じバスケットボール部に所属していました。高校1年生の時には、毎日部活に来ていましたが、高校2年生になった頃から、今までとは違う発言をするようになり、周囲が驚くことがありました。例えば、友人の2人が自分の悪口をいつも言う、先日は放送室のマイクを使って全校生徒に話した、というのです。そんなことをするはずがなく、最近、様子がおかしいと友人達で話していた頃に、Dさんは学校を長期間休むことになりました。暫くしてから、お母さんが部活動にジュースの差し入れを持って挨拶に来られました。統合失調症という病気で、●●病院に入院していること、被害妄想の症状が重いので、Dの発言でみんなに迷惑をかけたかもしれないとお詫びされていました。

【申立日】令和 ●● 年 ● 月 ● 日

＜申立者＞
　住　所：〒　●●●●・・・

　連絡先：　　（●●●●）　　　氏　名：　●●●●　　　　㊞

　※　訂正する場合は、二重線で消した上で訂正印を押印してください。
　※　後日、申立者あてに申立内容の確認をさせていただく場合がございます。平日日中でもご連絡が可能な電話番号を記入してください。
　※　ご記入いただいた個人情報は、独立行政法人等の保有する個人情報の保護に関する法律に基づき適切に取り扱われます。

201905

- 当時の日常生活の支障
- 病院に行ったきっかけ
- 医師から言われていたこと
- 受診時の状況　など

●●● 先天性疾患の場合

　発達障害のような先天性の疾患・障害であっても、**知的障害のない人は初診日の証明を提出しなければなりません**。初診日は実際に初めて受診した日になるからです。

　たとえば、「大人の発達障害」が近年取り上げられています。子どもの頃は、落ち着きがない子と言われ続けて育ち、大人になって「発達障害」を知り、厚生年金期間中に初めて受診したという人がいます。この場合、先天性のものだからと、初診日を一律に出生日にしてしまうと、受け取る年金額が大きく下がってしまう（障害厚生年金部分が減額する）人がいます。

　たとえ、発達障害のように先天性の疾患であっても、初めて受診した日が厚生年金加入中の2級であれば、障害基礎年金＋障害厚生年金の2階建てで受給することができます。

先天性疾患の初診日の取り扱い

●●● 知的障害（療育手帳を取得している）

③の療育手帳を持っている人は、その手帳自体が初診日の証明になります。初診日は、実際に初めて病院に行った日ではなく、出生日という扱いです。知的障害の場合、病院への受診は長年まったくしていませんという話はよくあります。初めて病院に行った日が20歳を超えた日であったとしても、初診日は出生日となります。

●●● 制度改正と関連して

20歳前に初診日がある障害基礎年金の請求については、第1章⑱（81頁）で紹介したように、2番目のB病院の初診日が18歳6か月前であることを証明できれば、A病院の「受診状況等証明書」も「添付できない申立書」も不要です。

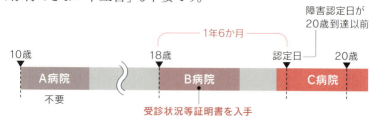

Case 05 カルテがない！20歳後障害の場合

41歳、うつ病の女性です。第1子の妊娠中に不眠症となり、抑うつ状態になりました。13年経った今も状態は一進一退で仕事ができないため、障害年金の手続きを始めましたが、初診の病院にカルテはすでになく、受診状況等証明書を書いてもらえません。当時のことは友人の誰にも話していなかったので、第三者の証明も取れません。どうしたらよいでしょうか。（E）

●●● 第三者証明が取れないことも多い

　受診状況等証明書が入手できない人は、他の物で証明できれば、初診日が認められることがあります。その証明の代表的なものが「第三者証明」で、流れについては前項のDさんの例で紹介したとおりです。

　年金事務所でも、受診状況等証明書が取れないときに、職員から「第三者証明は取れませんか？」と聞かれることは多いです。

　しかしながら、現実的には、精神疾患で苦しんでいるときに自分が精神科へ通院していることを、複数の友人に話す人は多くありません。同居している親や兄弟はご存知のことが多いですが、身内の証言は、初診日の証拠書類としては効力がありません。そのため、複数の第三者証明が取れずに挫折してしまう人が多いのが現実です。

でも、あきらめないでください。2015(平成27)年10月の改正で、「第三者証明」以外にも初診日を認める例がいくつか提示されました。それらを調べてみましょう。

●●● 経緯をていねいに振り返る

まず、Eさんの過去の年金や病歴を整理します。

初診日の年金	国民年金3号
保険料の納付	20歳～22歳滞納、その後は保険料納付済

〔発病・初診〕

Eさんは、第1子の妊娠中に不眠・抑うつ状態になりました。お聞きしたところ、結婚して住むことになった土地に移り住んで間もなかったこともあり、近くに友人はまったくいなかったとのことでした。そんななか、初めての妊娠で孤立し、不安とストレスを溜めこんでしまいました。

当時、総合病院の産婦人科医の勧めで院内の心療内科を受診しましたが、友人はいなかったため、通院のことは夫と実家の母に電話で話したのみで、当時の状況を知る第三者はいません。ですから、「第三者証明」を誰かに書いてもらうことができません。13年前の初診時のカルテは、すでに処分されています。

●●● 20歳以後は客観的資料も必要

第三者証明の取り扱いについて、原則を確認しておきます。20歳前障害の場合は、複数の第三者証明があれば、それのみで初診日の証明として認められるとされています(内容にもよります)。しかし、Eさんのように初診日が20歳以後の場合は、複数の第三者証明に加え、客観的資料の提出も必要です。

●●● カルテはなくても、医師が覚えていないか

　Eさんが通院していた事実を知るのは、ごく近しい身内のみです。友人からの第三者証明は取れません。でも、**当時通院していた医療機関の医師や看護師が受診の時期や治療内容などを覚えている場合は、カルテが処分されていても、記憶で第三者証明を作成してもらえる可能性があります。** その場合は、複数の証明書はいらず、その1点で初診日の証明になります。

でも、残念ながら、Eさんはその病院に2年ほど通院しましたが、転院して10年以上経過していたため、大きな総合病院の心療内科医にEさんの記憶はなく、医師の第三者証明は不可能でした。

　Eさんの場合はダメでしたが、たとえば幼少時代から長年通院しているホームドクターに病気を発見してもらったときなどは、覚えておられることがあります。あきらめる前に聞いてみましょう。

●●● 家に保管しているものが資料になりうる

　それでは次の策です。Eさんは発病が妊娠中だったことから、赤ちゃんの母子手帳に何か書かれていないかを確認しました。たとえば、妊婦健診のときに主治医にうつ症状を訴えていないか、医師より何か指示はなかったかなどの情報です。しかし、母子手帳には体重など身体の様子しか書かれていませんでした。

　次に、領収証、お薬手帳、自立支援医療受給者証などを探してもらいました。しかし、Eさんはその後に引っ越す際に荷物を大量に処分したので、初診の頃の書類は何も残っていませんでした。

客観的資料の例

●母子手帳　　●領収証　　●お薬手帳　　●自立支援医療受給者証

●●● 転院先のカルテに書かれていないか

　あわせて、転院先のカルテが残っていないかを確認しました。たとえば、初診の病院からほかの病院に転院するときに紹介状を持っ

て行くことがあります。それが転院先の病院に残されていることがあります。それは重要な証拠になります。

紹介状はなくても、病院は新規の患者が来院した際には、今までの受診状況を聞くのが一般的です。いつ発病したか、どんな治療を受けてきたか、診断名は何だったか、どんな薬を飲んできたかなど、これから始まる治療に活かすために、それまでの情報をできるだけ多く得ようと、問診してカルテに残されることが多いです。

そのカルテが今から5年以上古いものであれば、その内容は信頼できるものとして、初診日の証明として扱われます。まだ5年を経過していないカルテであっても、それ以外の資料をさらに添付できれば、有効と認められる可能性があります。

●●● 通院歴とカルテ

Eさんは、今までに4つの病院に通院していました。それらの病院に順に問い合わせたところ、3つ目のC病院にEさんのカルテが残っていました。その病院の初診の際に、次の記述があることを確認できました。

> **C病院に残っていたカルテ**
>
> 妊娠中にうつ病を発症。不眠・不安感・焦燥感が強かったために妊婦健診時に産婦人科で相談。院内の心療内科に紹介された。

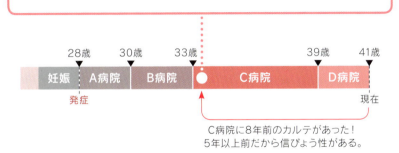

カルテの日付は8年前のものでした。「妊娠中」「妊婦健診時」というキーワードが残されていたのです。これにより、初診日の可能性のある時期を一定期間（妊娠中）に狭めることができました。

●●●● 保険料を滞納しないことが大切

ここで大切なのは、**期間を一定に狭められたときに、どこが初診になっても納付要件を満たすことです。**せっかく一定期間を狭めても、その期間内に未納があっては障害年金は認められません。

Eさんの場合、20歳～22歳までの未納がありますが、その後は切れ目なく納めていました。妊娠中はどの時期をとっても、保険料の納付要件を満たしています。これにより、障害基礎年金2級の事後重症請求が無事に認められました。

大切なのは、保険料の未納をしないこと。払うのが難しければ、免除・猶予申請を必ず行うことが必要です。

よくある事例の分かれ道　ツボはここ！
Case 06　働いていたら障害年金は受けられない？

働いていたら障害年金は受けられない？

注意欠陥多動性障害と診断されている30代の男性です。就労継続支援のA型事業所で週3日、1日4時間働いています。主治医からは、「働いているから障害年金は無理だろう」と言われました。でも、3か月以上仕事が続いたことが一度もありません。今までに30回以上転職をしています。障害年金は受けられないのでしようか。(F)

●●● 固定観念は禁物

　Fさんが主治医に言われたように、「働いたら障害年金は無理」というイメージが都市伝説のようになっています。たしかに、就労は診査の重要なポイントですが、そう思い込んで、手続きをする前からあきらめるのはやめましょう。まず、障害認定基準を確認します。就労について書かれている箇所です。

●障害認定基準　　精神の障害　E発達障害より

> 就労支援施設や小規模作業所などに参加する者に限らず、雇用契約により一般就労をしている者であっても、援助や配慮のもとで労働に従事している。したがって、労働に従事していることをもって、直ちに日常生活能力が向上したものと捉えず、現に労働に従事している者については、その療養状況を考慮するととも

> に、仕事の種類、内容、就労状況、仕事場で受けている援助の内容、他の従業員との意思疎通の状況等を十分確認したうえで日常生活能力を判断すること。

●●● 就労にどんな支障があるか

　障害認定基準からもわかるように、働いた瞬間に全員の障害年金が即刻停止されるわけではありません。病気によって、また障害によって、その人が働いている現場の状況はさまざまです。雇用形態は一般就労か福祉的就労か？　職場のフォローが必要か？　仕事の内容は？　勤務時間は？　勤務日数は？　コミュニケーションは？　不適切な行動の有無は？　認定診査医員は、これらの状況から判断します。あまり問題がない状況とみれば、障害年金は認められないかもしれません。

　でも、実際には、病気・障害を持ちながら働く現場には多くの悩みや支障、そして周りの援助が存在します。たとえば、臨機応変に対応するのが大の苦手で、上司がやさしく細かく指示を出してくれないとパ

くじけそうな綱渡りになっていることもある…

よくある事例の分かれ道　ツボはここ！
Case 06　働いていたら障害年金は受けられない？

ニックになるなど。こうした**課題があるときは、 診断書、 病歴・就労状況等申立書にしっかり記入されなくてはなりません**。就労しているから障害年金が認められないのではなく、就労上の支障がない、あるいは書類で伝えられないから認められないのです。

● ● ● 誰かに相談してみる

　Fさんは、「働いているから障害年金は無理だろう」と医師に言われましたが、働いている就労継続支援A型事業所には、障害年金を受けながら自分よりも長時間就労している同僚が何人もいました。

　そこで、職場（A型事業所）に相談したところ、職業指導員が医師宛てに職場の状況を手紙で書いてくれました。

　以下のように、業務遂行能力や人間関係に問題があることを具体的に伝えてくれています。

　医師は、診断書を積極的には書かないことがあります。さまざまな

職場の上司が状況を知らせてくれるときの一例

> 　（略）…Fさんは、気分がのらない日は作業がまったくできず、畳のある休憩室で横になって過ごしています。作業できる日も集中力が続かないので、数10分で作業に飽きてしまいます。イライラする態度が周囲にも明らかにわかります。そのイライラを近くにいる人に汚い言葉でぶつけてしまうため、トラブルになったことが何度もあります。Fさんが怖いからという理由で、これまでに2人が作業所に来れなくなってしまいました。Fさんには何度も指導をしていますが、本人に悪気はなく…（後略）

113

・診断書は主治医にしか書けない。
・でも障害年金の等級を決めるのは
　日本年金機構の認定医
　（書類による診査のみ）。

理由がありますが、認められなかったら患者に無意味な診断書料を負担させることになるとの気遣いがあることも多いです。

　患者の側も、請求手続きをしても認められないことがあること、その場合は診断書料が無駄になること、それは医師のせいではないことをあらかじめ理解しておくことが必要です。

　Fさんの主治医は職業指導員の手紙を受けとった2か月後、診断書を書いてくれました。職場での支障もしっかり書いてくれました。一人で悩みや疑問を抱えることなく、周りの人に相談して書類を揃えた結果、Fさんは障害基礎年金2級に認定されました。

● ● ● 就労意欲を失わないために

　障害年金の受給が決まると、次に心配になるのが更新のことです。「更新のときに働いたら、障害年金は止まりますか？」と、また心配になります。

　その言葉の裏側にあるのは、「本当は働きたいけど、障害年金が受けられなくなったら困るから、働くのはやめておこうかな」という気持ちです。前へ向かおうとする気持ちにフタをしてしまうのだとしたら、残念なことです。

　精神疾患の等級判定ガイドラインで、就労継続支援A型・B型事業所および障害者雇用の場合に1・2級の可能性を検討するとしたのは、受給者の就労意欲をなくさないためです。働いた瞬間に障害年金

障害年金受給中の人が就労意欲を失うパターン

障害年金は受給しているけれど → それでもお金が足りない → 働きたいけど、障害年金が止まるかも → やっぱり働くのはやめよう

が即刻停止されるわけではないことを理解したうえで、**就労における問題点や不適切な行動を、周りの協力も得ながら書類に反映させる**ことが大切です。就労上の支障が診断書に書かれていないときは支給停止になることもあります。

●●● 障害・病気によってもさまざま

就労していても、障害年金の等級に影響のない傷病もあります。

▶傷病による違い

就労していても影響しない	就労していると影響することあり
人工透析	左記以外の疾患 ・内臓疾患、精神疾患など ・就労の支障が伝えられないと、認められないことがある
人工関節*1	
人工肛門*1	
ペースメーカー*1	
視覚障害*2	
聴覚障害*2	

*1 障害等級3級相当
*2 視力・聴力レベルの数値が障害認定基準を超えている場合

Case 07 一人暮らしは要注意！

双極性感情障害の30代の男性です。就労ができないので、主治医と相談し、1年前に障害年金の請求手続きを行いましたが、そのときの結果は不支給でした。ソーシャルワーカーに相談すると、「たぶん、一人暮らしが原因で認められなかったのでしょう」と言われました。わけあって一人暮らしをしているのですが、障害年金は認められないのでしょうか。(G)

●●●「なぜ認められなかったのか」から

障害年金が認められなかった場合は、その理由を冷静に分析しないと次に進むことができません。そこで、代理人になった社会保険労務士はまずはGさんが不支給とされた理由を調べました。

不支給決定通知書という書類が自宅に届いたら、そこに書かれている不支給の理由を確認します。そこに**「現在の障害の状態は、障害年金1級または2級の対象となる障害に該当しません」**と書かれている場合は、**診断書か病歴・就労状況等申立書のどちらかに、軽いと判断された箇所が必ずあります。**

精神の障害の場合、診断書の「日常生活能力の判定」と「日常生活能力の程度」が等級判定ガイドラインの目安表で等級外のことがあります。でも、Gさんは十分に2級相当の内容でした。

▶障害等級目安

程度→ ↓判定平均	(5)	(4)	(3)	(2)	(1)
3.5以上	1級	1級又は2級			
3.0以上3.5未満	1級又は2級	2級	2級		
2.5以上3.0未満		2級	2級又は3級		
2.0以上2.5未満		2級	2級又は3級	3級又は3級非該当	
1.5以上2.0未満			3級	3級又は3級非該当	
1.5未満				3級非該当	3級非該当

　詳しい不支給の理由を知るためには、年金事務所に問い合わせるか、厚生労働省から、「障害状態認定調書（初診日が厚生年金の場合は「障害状態認定表」）」を取り寄せる必要があります。そこに認定診査医員が不支給と判断した理由が書かれていることがあります。

　それを取り寄せたところ、Gさんの認定表には一言だけ走り書きで「一人暮らし」と書かれていました。

●●●なぜ、一人暮らしだとダメなのか

　精神疾患の人が障害年金の請求手続きをする際に、一人暮らしだと認められにくい理由からみてみましょう。「精神の障害用（様式120号の4）」の診断書には、チェック式で選択する内容として、次のように示されている項目があります。

> **2　日常生活能力の判定（該当するものにチェックしてください。）**
> （判断にあたっては、単身で生活するとしたら可能かどうかで判断してください。）
>
> （1）**適切な食事**—配膳などの準備も含めて適当量をバランスよく摂ることがほぼできるなど。
>
> □できる　　　□自発的にできるが時　□自発的かつ適正に行うこ　□助言や指導をしても
> 　　　　　　　には助言や指導を必　　とはできないが助言や指　　できない若しくは行
> 　　　　　　　要とする　　　　　　導があればできる　　　　わない

助言や指導がいらないのは、ここだけ

　4つの選択肢の文章には重要なキーワードが入っています。「**助言や指導**」です。1つめの「できる」以外は、少なからず生活に「助言や指導が必要」になる状態です。

　Gさんのように、診断書では点数が等級目安表で2級と判断されていても、一人暮らしの生活ができていれば、実質的には「助言や指導がいらない」＝「できる」と判断されてしまうことがあります。

●●● 一人暮らしでも認められる場合

　ただし、一人暮らしの人でも認められるケースがあります。等級判定ガイドラインに示されている内容が根拠となります。

考慮すべき要素	具体的な内容例
○ 家族等の日常生活上の援助や福祉サービスの有無を考慮する。	・　独居であっても、日常的に家族等の援助や福祉サービスを受けることによって生活できている場合（現に家族等の援助や福祉サービスを受けていなくても、その必要がある状態の場合も含む）は、それらの支援の状況（または必要性）を踏まえて、2級の可能性を検討する。
～の状況を考慮する。	
○ 独居の場合、その理由や独居になった時期を考慮する。	－

よくある事例の分かれ道　ツボはここ！
Case 07　一人暮らしは要注意！

つまり、表面的には一人暮らしでも、

・**家族の援助や福祉サービスを受けていないか**

・**やむを得ない理由はないか**

を明確にすることにより、認められる可能性があります。

　Gさんの障害年金を認めてもらうには、この2点を訴える書類を作る必要がありました。

● ● ● 一人暮らしの理由に着目する

　Gさんには、一人暮らしをせざるを得なくなった理由がありました。Gさんは発病当時、家族5人で住んでいました。妻と小学生の男の子3人の5人暮らしです。

　発病したのは、サラリーマンをしていた頃です。当時、Gさんは会社から課せられるノルマと人間関係のストレスで心身ともに疲れ切っていました。せめて、帰宅したときは心身を休ませたいと思うものの、家では元気な子どもたちの笑い声や泣き声、ケンカをする声が家中に響き渡る毎日で、Gさんは休めるどころか、どんどん追い詰められていきました。うつ期には、耳を押さえて布団に閉じこもりました。一方で、時期によっては子どもたちを激しく執拗に怒鳴りつける時間が何時間も続きました。過激な言葉をぶつけられた長男が震えながら声を押し殺して泣いている姿を見て、限界を感じた妻が夫の主治医に相談したところ、「おたがいのためにGさんにしばらく入院してもらうか、別居したらどうか」と勧められました。妻の実家が自宅から自転車で10分くらいの距離にあり、妻子はそちらへ引っ越すことにしました。

　こうしてGさんの一人暮らしは始まったのでした。

● ● ● サポートが必要な実情を把握する

　Gさんは、会社に行けなくなりました。ほとんど外出することなく、家

に閉じこもっていました。炊事も洗濯も掃除をする気力もなく、風呂には入らず、ひげは伸び放題でした。一方で、妻が止めてもコントロールできない程、他人を責めてトラブルになる場面もありました。

　妻はフルタイムで仕事をしていたため、実家の母に育児と家事を手伝ってもらいながら、夫の住む自宅に通い、生活を支えることになりました。妻が仕事から実家に帰ると、母が夕飯を作ってくれているので、一日おきにそれを持って夫の住む家に通いました。洗濯物は実家に持ち帰り、洗ってから自宅へ運びました。できるかぎりのサポートを続けていました。

● ● ● 入手した情報を再請求に活かす

　代理人の社会保険労務士は、こうした状況を確認し、再度、障害年金の請求手続きを行うことにしました。そして、医師に前回認められなかった理由を説明しました。今回の診断書には、妻のサポートや一人暮らしの理由が書かれました。病歴・就労状況等申立書にもその詳しい内容を盛り込みました。

　その結果、一人暮らしが続いているという状況は変わらないまま、Gさんは障害厚生年金2級を受給することが決まりました。

● ● ● 起こっている状況が書類に反映されること

　一人暮らしをしていても、障害年金が認められる人はいます。でも一人暮らしとなった理由、援助の状況が認定診査医員に伝わらなければ、不支給になることがある、ということは覚えておいてください。

　障害年金は、あくまでも書類による診査のため、現場で本人がどんなに苦しくても、ポイントを押さえた書類を提出しなければ、苦しい状況に見合った結果が得られないことがあります。

Case 08 知的障害者はIQが50を超えていると受給できない!?

息子は知的障害で、IQ（知能指数）は54です。小学校2年生のときに療育手帳を取得しました。私たち両親の教育方針により、小学校から高校まで一度も特別支援学級には入りませんでした。専門学校で勉強中の20歳のときに障害年金を請求したら不支給になりました。IQが50を超えていると、障害年金は難しいと聞きましたが、うちの子の場合は無理でしょうか。（Hの母）

● ● ● IQ50を超えると診査は厳しくなる

Hさんのお母様が心配されるように、IQが50を超える場合、知的障害が軽度のため、中度以上の人に比べ診査は厳しくなります。

▶知的障害の程度とIQ

ICD-10コード	障害名	IQ
F70	軽度知的障害	50〜69
F71	中度知的障害	35〜49
F72	重度知的障害	20〜34
F73	最重度知的障害	20未満

精神障害の等級判定ガイドラインには、「療育手帳の区分判定が中度以上（知能指数がおおむね50以下）の場合は1級または2級を

検討する」と書かれています。

　ということは、IQ が 50 を超える場合は、その数値のみでは支障が軽度と判断されやすいため、診断書や病歴・就労状況等申立書でどのような支障があるのかを訴えることが必要になります。

● ● ● 成育歴に課題はなかったか

　Hさんの幼少時代の状況をお聞きしました。乳幼児の頃は、特に定期健診などで問題を指摘されることはありませんでした。私立小学校に入ってから、簡単な漢字がどうしても覚えられない、足し算の意味を何回説明しても理解できないことを担任から指摘されました。病院で検査を受けたところ、軽度知的障害のIQ54と診断されました。

　療育手帳を取得しましたが、両親は息子の障害を認めたくない気持ちが強く、可能なかぎり健常者と同じ環境で教育を受けさせたいと考えました。通っていた学校が高校まである私立だったため、転校はさせませんでした。授業がわからない、行動がクラスメイトについていけないという状況が続きました。動きがどうしても他の生徒より遅れてしまい、苦情になったり、いじめに遭ったりすることもありましたが、頑張って高校を卒業しました。

　その後は、Hさんの好きな美術系の専門学校に入学しました。両親は専門学校に入る際に、Hさんが療育手帳を持っていることを学校に伝えていました。Hさんは、自由な絵を描くことが好きで、学校のカリキュラムに沿った作品はまったく提出できませんでしたが、学校の判断でとにかく提出しさえすれば、単位を取得できました。また、コミュニケーションが苦手なので、友達はできず常に一人で孤立していました。家事はまったくできず、日常生活は母が全面的に世話をしました。専門学校在学中に20歳になり、障害年金を請求したところ、不支給決定通知書が届きました。両親はどうしてよいのかわからず、社

会保険労務士に相談することにしました。

なぜ認められなかったのか

　社会保険労務士は、Hさんの不支給の理由を詳しく調べるために、厚生労働省から障害状態認定調書を取り寄せました。そこには、「普通学級　専門学校在学中」と書かれていました。つまり、これまでの教育歴から、健常者と同等の教育を受けられていることが不支給の理由でした。

　日常生活能力の判定・程度の点数は、十分に2級相当でしたが、等級判定ガイドラインには、

○　発育・養育歴、教育歴などについて、考慮する。	・　特別支援教育、またはそれに相当する支援の教育歴がある場合は、2級の可能性を検討する。

と書かれています。そのため、特別支援教育を受けていないHさんは、2級には認められませんでした。審査請求（不服申し立て）を行いましたが、認められませんでした。

状況が変わると結果も変わる

　その後、Hさんは専門学校を卒業し、就職は障害者雇用でドラッグストアに勤務することになりました。

　仕事の内容は、商品の補充で単純作業でしたが、Hさんには上司の指示は難しく、うまく伝わりませんでした。職場で何度もパニックになり、ミスが続きました。上司はあれこれと工夫を重ねてくれましたが、Hさんは日に日に孤立していきました。

　2か月経たないうちに、Hさんは自分を叩くような仕草を見せて、行

きたくないと言い始めました。父親が朝、車で送ると誘っても、地面に座り込んで行かないと泣き叫ぶ状況でした。何とか続けてほしい両親でしたが、本人の意志がかたく退職しました。

　この状況を聞いて、社会保険労務士は障害年金の手続きを再度行うことにしました。ただし、前回不支給になったときの「普通学級、専門学校在学（そのときには卒業）」という状況は変わらないため、それ以外のところで支障が出ていることを訴える必要がありました。知人に金銭をだまし取られても本人は気づかないこと、職場に順応できず退職したこと、自傷行為があること、他人との交流がまったくないことなどです。

　これらの問題点を診断書や病歴・就労状況等申立書に明記し、Hさんは障害年金2級に決定されました。

　障害年金の請求手続きでは、タイミングが重要なテーマになることがあります。人間は機械ではないので、体調にも生活にも波があります。障害が軽いからと一度不支給になったとしても、状況が悪化したときに再度請求することは可能ですし、結果も変わるかもしれません。そのために事後重症請求という請求方法が存在しています。65歳の誕生日の2日前までなら再度手続きが行えるので、状況にあわせて繰り返し検討していくことが大切です。

第3章

押さえておこう！
診断書の確認ポイント

診断書は医師の医学的な判断と

権限に基づき作成されます。

その内容と密接に結びついているのが、

厚生労働省が示している

「国民年金・厚生年金障害認定基準」

「精神の障害に係る等級判定ガイドライン」

「障害年金の診断書（精神の障害用）

記載要領」の3つです。

これらの内容に沿って、

認定診査医員が

診断書のどの部分をみているのかを

まとめました。

1 診断書を依頼するときに気をつけたいこと

障害年金の認定に使用する診断書は8種類あり、それぞれに障害等級を定めるための基準があります。ここでは患者が診断書を病院に依頼するときのポイントについてみていきます。

▶▶▶ 認定診査にかかわる最も重要な書類です

障害年金の請求手続きのなかで、最も重要な書類が診断書です。日本年金機構には、等級を診査する認定診査医員がいます。その認定医は患者（障害年金の請求者）に直接会うことができないため、実際に診察した医師の医学的判断が記された診断書により、請求者の状態を判断します。

患者からすると、自分を診てくれる医師は何でも知っている神様のような存在ですが、書類の種類やその書き方について精通している医師ばかりではありません。「障害年金の診断書はほとんど書いたことがない」という医師も多数います。病院にも障害年金の診断書は常備されていません。何年も病院に通っているが、障害年金を病院側から勧められたことは一度もないという方が多く存在します。

こうした実情をふまえ、障害年金の請求手続きにあたっては、自ら年金事務所に出向き、自分の症状を説明し、適切な診断書を選択した上で、医師にその作成を依頼する必要があります。たとえば、「うつ病は精神の障害用」と単純に考えられるのならよいのですが、複数の病気があったり、病気は1つだけど身体の複数個所に障害があったりする場合は、慎重に診断書を選ばなくてはなりません。

▶▶▶ **種類は8種類あります**

　障害年金の請求手続きに用いられる診断書は、障害の程度が具体的に判断できるように、次の8種類に分かれています。

▶診断書の種類と対応する傷病

診断書	様式番号	主な傷病（一例）
眼	第120号の1	糖尿病性網膜症、網膜色素変性症、白内障、緑内障、
聴覚	第120号の2	突発性難聴、感音性難聴
平衡機能		メニエール病
そしゃく・嚥下		舌がん・食道がん等摘出手術後の嚥下障害
言語機能		咽頭摘出後遺症、脳性麻痺による言語障害、脳血管障害による失語症
肢体	第120号の3	関節リウマチ、パーキンソン病、事故外傷、脳血管障害、脊髄損傷、切断、進行性筋ジストロフィー、脳脊髄液減少症、線維筋痛症
精神	第120号の4	うつ病、躁うつ病、統合失調症、発達障害、知的障害、てんかん、認知症、高次脳機能障害
呼吸器疾患	第120号の5	気管支喘息、閉塞性肺疾患
心疾患	第120号の6-(1)	人工弁、ペースメーカー、人工血管、心筋梗塞、難治性不整脈、大動脈疾患、先天性心疾患
腎疾患	第120号の6-(2)	糖尿病性腎症、慢性腎不全、慢性腎炎
肝疾患		肝硬変、肝移植
糖尿病		糖尿病
その他	第120号の7	がん、化学物質過敏症、脳脊髄液減少症、慢性疲労症候群

これらの診断書は、年金事務所でもらえます。障害年金キットという書類一式を受け取り、そのなかに8種類すべての診断書が入っています。このなかから自分の病気・障害に最も適した診断書を選びます。

　年金事務所の職員は、どの診断書を使用したらよいのか相談にのってくれますが、医療専門職としての知識を有しているわけではありません。たとえば交通事故で「高次脳機能障害」になった方がいました。本来は「精神の障害用」を使用すべきなのに「肢体の障害用」を渡されたケースがありました。自分の病気の症状が身体のどこの部位に現れているのかを正確に伝えることが必要です。

　また、脳血管障害の後遺症で「肢体の半身不随」と「言語障害」がある場合は、「肢体の障害用」と「言語機能の障害用」の2種類の診断書を提出することにより、両方の障害について診査が行われます。どちらか1種類しか出していなければ、もう1つの障害の等級は診査されません。本来の障害の状態よりも下級に判定されることもあります。

　一方で、障害等級に該当しない軽度の診断書は、複数提出しても等級は上がりません。その場合は診断書料が無駄になります。

医師へ相談し、必要な情報を渡します

　次に、診断書の作成を依頼したい旨を主治医に相談します。診断書の作成には、通院歴や検査の数値や病気の重症度、そこから生じてくる生活面の支障など、さまざまな医学的判断が必要です。いきなり医療機関の受付窓口（医事課や文書課など書類の作成部署はさまざま）へ依頼したとしても、記載できる情報が揃っていないと医師は診断書を作成できません。まず、主治医に相談してみましょう。

　診断書には、自宅での日常生活の支障や職場での状況など、病院の外で起きている事柄についても書かれなければなりません。患者の

ことをよく知っている医師であっても、これらの詳細までは知らないことがあるかもしれません。これらの情報は等級など結果にも影響するため、こちらから具体的な情報を伝えることが大切です。

医師から診断書作成の承諾を得たら、担当の部署へ行き診断書依頼の手続きを行います。書類作成料として1万円前後かかります。金額は医療機関によって異なります。請求手続きを行い、認定されなかった場合も返金はされません。診査の土俵に上がるための必要経費と考えてください。

いつの時点の診断書を依頼するか

窓口で診断書を依頼すると、「いつの時点の診断書を作成しますか」と尋ねられます。この時期は患者が指定します。認定日請求と事後重症請求のそれぞれに日付のルールがあり、その詳細は第1章⑩（50〜52頁）でご確認ください。

■ 医師の割印・訂正印を忘れずに。

診断書は裏表2枚にもれなく記入していただきます。最近は診断書をパソコンで作成される医師が多いのですが、必ず最後に押印をしていただきます。複数枚に印刷したときには、割印が必要です。また誤字は小さな箇所であっても必ず訂正印が必要になります。

2 障害別・確認ポイント

認定診査医員は障害認定基準や等級判定ガイドラインなどの基準に沿って診査を行い、等級を決定します。診断書のどの部分がどのように診査されるかについて、相談事例として多い傷病ごとにみていきます。

精神の障害用

障害年金の診断書は、患者の状況を把握している医師の判断によって書かれるもので、「身体障害者手帳の指定医」でなくても書くことが可能です。ただし、精神の診断書の作成については、以下のようなルールがあります。

別掲の書式が「精神の障害用」の診断書です。こちらの診断書を使って、相談事例として受けることの多い、(1)統合失調症、(2)知的障害、(3)発達障害の3傷病の確認ポイントをみていきます。

▶「精神の障害用」の診断書を作成できる医師

原則	例外：診療科が多岐にわたる傷病*
精神保健指定医 ・精神科医、 心療内科医	(精神・神経障害の診断・治療に従事している) 小児科医、 脳神経外科医、 神経内科医、 リハビリテーション科医、 老年科医も作成可能

＊てんかん、知的障害、発達障害、認知症、高次脳機能障害など

押さえておこう！　診断書の確認ポイント
2 障害別・確認ポイント

3

（1）統合失調症 うつ病・躁うつ病

どの項目に何が記載されていないと書類として不備があるかも含め、重要な項目を１つずつみていきましょう。診断書は142〜145頁に掲載しています。

書類の項目番号と項目　　**① 障害の原因となった傷病名**

カッコ内は書かれている？

　①欄は、ICD-10コードの（　　）内の記入は必ず必要です。ICD-10コードとは、世界保健機関（WHO）が定めた国際疾病分類で、**Fから始まる2桁の数字**です。**この数字が障害年金の対象外である場合は原則認められません。**

▶原則対象外のICD-10コード

F4 から始まる2桁の数字	＜神経症性障害＞不安障害・強迫性障害・適応障害・解離性障害・身体表現性障害・心的外傷後ストレス障害（PTSD）など
F5	摂食障害・非器質性睡眠障害など
F6	パーソナリティ障害・性同一性障害

▶対象のICD-10コード＜精神病＞

F2	統合失調症・持続性妄想性障害・統合失調感情障害など
F3	うつ病・双極性感情障害（躁うつ病）など

対象外のF4は医師の所見がないと認められない

　F4で始まる神経症の場合、症状が長期間続き、また一見重症であっても原則対象外です。ただし、症状や治療内容が統合失調症やうつ病等の精神病圏内である場合は、対象のICD-10コードを入れ、「⑬備考」欄に医師の所見が記入されることにより、認められることがあります。

131

| 書類の項目番号と項目 | ③ ①のため初めて医師の診療を受けた日 |

因果関係のある最も古い受診日になっているか

　初めて医師の診療を受けた日は、よく間違って記載されることがあります。障害の原因となった傷病について、因果関係のある最も古い受診日を記入することになっています。現在の病名が確定していなくても、因果関係があるのであれば構いません。

　初診日はとても大切な日で、以下のように決められています。

(1) 初めて診療を受けた日(治療行為又は療養に関する指示があった日)
(2) 同一の傷病で転医があった場合は、一番初めに医師等の診療を受けた日
(3) 過去の傷病が治癒し同一傷病で再度発症している場合は、再度発症し医師等の診療を受けた日
(4) 傷病名が確定しておらず対象傷病と異なる傷病名であっても、同一傷病で判断される場合は、他の傷病名の初診日が対象傷病の初診日
(厚生労働省年金局　年管管発0928第6号　資料より抜粋)

押さえておこう！ 診断書の確認ポイント
2 障害別・確認ポイント

書類の項目番号と項目　　**⑦ 発病から現在までの病歴等**

治療歴・好転・増悪などが書かれているか

　統合失調症やうつ病は、時期によって症状に波が生じることが多いので、一時期の状況だけを切り取られただけでは正確な認定とは言えません。ですから、それまでの治療経過なども考慮されることになっています。特に直近1年間の状況は重要な情報です。
【記載していただきたい内容】
・発病までの生活歴
・発病のきっかけとなった要因
・病歴
・治療の経過や内容
　（薬物の種類、量、期間など）
・治療の効果・転帰
・就学・就労状況など
（参考：診断書記載要領）

書類の項目番号と項目　　**⑩ 障害の状態　イ　左記の状態・・・**

現症日以前1年程度の状況が記載されているか

　ア欄に○印のある病状又は状態像について、より詳しく記載していただきます。たとえば、以下についての状況です。
【現症日以前1年程度の症状の好転と増悪の状況】
・家族の援助、通院の頻度、妄想・幻覚の状態、薬の種類・量、重篤症状の持続度合、ひきこもりの状況、入院の理由
（参考：診断書記載要領）

具体的に書いていただくことによって、症状がリアルに伝わることになります。たとえば、

- 幻覚妄想状態→「宇宙人ややくざが来ているのが見える、彼らが皆を殺す、病棟が血の海になっている、そこへ行ったら殺される、と言う」
- 幻声の存在→「聞こえた声に応じるように荒い言葉を発して怒ったりすることがある」
- 拒薬の状況→「薬は重油でできているので毒と述べ拒薬が見られたり、食事に入れられた毒を体外へ排出するためジュースを飲むと言ったり、肺の中に薬が入っているなどと身体幻覚様の話をしたりする」

(参考：診断書記載要領)

書類の項目番号と項目 **⑩ 障害の状態　ウ・1・(イ)全般的状況**

同居者がいない場合には注意が必要

　一人暮らしの場合は、援助なく自分一人で生活ができるとして認められない可能性が高くなるので、注意が必要です。

　現実には、一人暮らしの裏側にはさまざまな事情が隠れていることが多いです。家族と一緒に住むことによって病状が悪化するなどのやむを得ない理由がある人もいます。また、近隣に住む家族が日常的に援助している、ヘルパーの訪問など福祉サービスを利用している人もいます。それらの状況が(イ)に書かれている必要があります。等級判定ガイドラインでは、「一人暮らしの理由や時期を考慮する」と書かれています。

押さえておこう！ 診断書の確認ポイント
2 障害別・確認ポイント

3

| 書類の項目番号と項目 | **⑩ 障害の状態　ウ・2　日常生活能力の判定** |

一人暮らしが想定された内容か

　診断書のなかで最も重要な箇所といって過言ではないのが、日常生活能力の7項目です。各項目は支障の度合いにより、4つの選択肢から選ぶことになっています。ポイントは、**「適切な食事」から「社会性」まで7項目すべてについて、本人が一人暮らしをしている想定でチェックされているかどうか**です。

　精神障害者は、家族と同居している人が多く、家族の声掛けや援助があって日々の生活は成り立っています。たとえば、あるうつ病の方の食生活を考えてみます。

・食べることはできるが、一人ではいつも同じものばかりを食べる
・いつも過食になる
・気が向いたときに不規則に食べる

　という状況のため、母がいつも食事の準備をし、声掛けをしているとします。

　この場合、「食べる」という行動だけを見れば、「☑できる」にチェックがされます。しかし、診断書の記載においては、この判断は正確とはいえません。「一人暮らしを想定」して選択されるべきだからです。「母親が援助（準備・助言）をしなかったらどうなるか」を想像して、適当量をバランスよく摂れるかを考えると、適切にできるとは言えません。一人では、同じものばかりを食べたり、過食したり、不規則だからです。上記のような方は「☑自発的かつ適正に行うことはできないが助言や指導があればできる」になります。（参考：診断書記載要領）

135

家での状況を主治医へ正確に伝える

　日常生活能力の判定の7項目は家庭内で起きている事柄が多いです。病院の外のことですから、医師は直接見ることができません。診断書作成時の短時間の問診で、簡潔に報告することは難しいので、日ごろから家での状況はお伝えしておきたいものです。

　この7項目の判断は医学的判断に基づき、医師にしか決定することができないということを忘れてはいけません。

書類の項目番号と項目　**⑩ 障害の状態　ウ・3　日常生活能力の程度**

ウ・2と整合性がとれているか？

　この欄は、日常生活能力の程度について総合的な判断をする箇所で、5段階から選択します。「精神障害」と「知的障害」の2つに分かれていて、どちらか一方を選択することになっています。(1)〜(5)

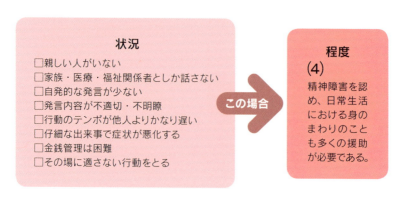

（参考：診断書記載要領）

押さえておこう！　診断書の確認ポイント
2 障害別・確認ポイント

のどこに当たるかが難しいところですが、診断書の記載要領には、具体的な事例が書かれていますので目安になります。ここでは、どういう状況の場合が2級相当（4）になるのか、診断書の記載要領に書かれている具体例を紹介します。

　等級判定ガイドラインでは、ウ・2の平均と3で選んだ項目を障害等級目安表にあてはめ、等級の目安にすることになっています。

　あくまでも目安であり、等級表にあてはまったとしても、そのとおりの級にならないことがあります。点数が障害等級目安表で等級の数字が書かれていない箇所に該当する場合は、等級を得るめども立たないことになります。

障害等級目安

程度 判定平均	(5)	(4)	(3)	(2)	(1)
3.5以上	1級	1級又は 2級			
3.0以上3.5未満	1級又は 2級	2級	2級		
2.5以上3.0未満		2級	2級又は 3級		
2.0以上2.5未満		2級	2級又は 3級	3級又は 3級非該当	
1.5以上2.0未満			3級	3級又は 3級非該当	
1.5未満				3級非該当	3級非該当

　この表は評価の参考にはされますが、診断書の他の要素も含めて総合的に評価されることになっています。

（参考：等級判定ガイドライン）

| 書類の項目番号と項目 | ⑩ 障害の状態　エ　現症時の就労状況 |

就労形態が書かれているか

　エ欄は「現症時の就労状況」で、実際の就労状況を書きます。就労形態まで明記するよう求められており、指示どおりに記載されているかどうかを確認します。一般企業に障害者枠で就労しているのか、一般雇用の形態で就労しているのか、就労支援事業所（就労継続支援A型・B型、就労移行支援）で福祉的就労をしているのかが明記されていることが必要です。

就労の現場の支障は書かれているか

　就労していると障害年金は認められないと思われがちですが、就労している事実だけで、障害年金の支給決定が判断されることはありません。「どのような働き方をしているか」「どのような支障があるか」がポイントになります。認定診査医員は、具体的にどのような点をみるのでしょうか。等級判定ガイドラインと診断書記載要領に書かれている内容をピックアップしてみます。

・職場の援助や配慮が必要か？
・仕事が終わった後に影響はあるか？
・出勤状況は？（欠勤・早退・遅刻）
・意思疎通はできるか？
・安定した就労ができているか？
・過去1年間に病気休暇はあるか？
・臨機応変な対応ができるか？

（参考：等級判定ガイドライン、診断書記載要領）

　このように「エ　現症時の就労状況」欄で具体的に問われていないことも認定診査医員はみています。つまり、働いている事実だけでな

く、**その現場の支障**も診査されます。

　給与額などの記載は必須ではなく、聴き取りができた内容を可能な範囲で記入すればよいことになっています。「就労状況」欄に記載がないことを理由に受け付けされないということはありません。(参考：障害年金業務部年金相談部　給付指 2011-230)

| 書類の項目番号と項目 | ⑩ 障害の状態　キ　福祉サービスの利用状況 |

特に一人暮らしの場合は重要

　一人暮らしの場合には福祉サービスの利用状況が重要です。入居施設やグループホーム、ホームヘルプ等の福祉サービスの利用状況について記入します(等級判定ガイドラインより)。

　これにより、一人暮らしはしているけれど、援助が必要であることが伝わります。現に福祉サービスを受けていない場合でも、必要性がある場合は明記していただきます。

| 書類の項目番号と項目 | ⑪ 現症時の日常生活活動能力及び労働能力 |

どの程度できるのかを明確に

　前述の「エ　現症時の就労状況」とは違い、**実際の就労の有無を書くのではない**ことがポイントです。就労できるのかできないのか、就労できるならどの程度労働できるのか、どんな援助が必要なのか医師の所見が書かれていることが重要です。

　日常生活についても同様です。**家族の援助がどのくらい必要か、本人が一人で身の回りのことができるか、どの程度できる**

かが簡潔に記述されている必要があります。就労していて、その影響から日常生活能力が著しく低下していれば、その状況の記載も必要です（参考：診断書記載要領）。

書類の項目番号と項目　**⑫ 予後**

今後の見通しが適切に書かれているか

病状や経過によって、医師も判断しにくい状態があると思われます。「不良」とまではいえない、あるいは、確実な判断ができない場合は「不詳」が実情にあった記載となります。

書類の項目番号と項目　**⑬ 備考**

上記欄に反映されない内容は補足されているか

この欄には、ここまでの欄に書ききれなかったことや、診査の参考になることが自由に記載されます。一例をあげます。

○神経症の場合

神経症は原則対象外ですが、主治医の判断により、たとえばこの備考欄に、「病名は神経症であるが、病態は精神病圏内でありICD-10コードF32に準じている」等と記載されていると、対象となる可能性があります。

○本来治療が必要なのに受診していない場合

本来は継続的な治療が必要なのに、受診していないことがあります。その場合には、受診していない背景を記入していただきます。たとえば、「民間療法を行っていた」等です。

○ひきこもりの場合

　ひきこもる原因が何なのかが重要です。それが精神障害の病状に起因するものであれば、明記していただく必要があります。

ポイント

統合失調症 —オモテ

F4は原則対象外（認められるには精神病圏内であるという医師の診断が必要）

ICD-10コードがある

因果関係のある名最も古い日

どちらかに○がついている

ここ1年の症状の変動が書かれている

様式第120号の4

診　断　書（精神の障害用）

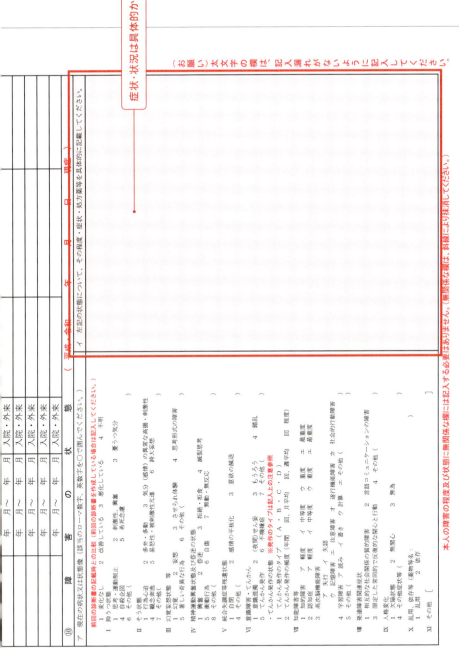

ポイント

統合失調症 —ウラ

同居者がいない場合、状況が書かれている

一人暮らしを想定してチェックされている

家での状況を主治医に正確に伝える

「日常生活能力の判定」と内容が整合する

ウ 日常生活状況

1 家庭及び社会生活についての具体的な状況

（ア）現在の生活環境（該当するものを一つを○で囲んでください。）

　　入院 ・ 入所 ・ 在宅 ・ その他（　　　）

　　施設名

　　同居者の有無 （ 有 ・ 無 ）

（イ）全般的状況（家族及び家族以外の者との対人関係についても具体的に記入してください。）

2 日常生活能力の判定（該当するものを○にチェックしてください。）
（判断にあたっては、単身で生活するとしたら可能かどうかで判断してください。）

(1) 適切な食事―配膳などの準備も含めて自発的にできるがバランスを欠くことがあるなど。
□ できる　□ 自発的にできるが時には助言や指導を必要とする　□ 自発的かつ適正に行うことはできないが助言や指導があればできる　□ 助言や指導をしてもできない若しくは行わない

(2) 身辺の清潔保持―洗面、入浴、着替え、歯磨き等の身体の衛生保持や掃除等の身辺の清潔維持ができるなど。
□ できる　□ 自発的にできるが時には助言や指導を必要とする　□ 自発的かつ適正に行うことはできないが助言や指導があればできる　□ 助言や指導をしてもできない若しくは行わない

(3) 金銭管理と買い物―金銭を独力で適切に管理し、計画的な買い物等が可能であり、計画的な買い物がほぼできるなど。
□ できる　□ おおむねできるが時には助言や指導を必要とする　□ 助言や指導があればできる　□ 助言や指導をしてもできない若しくは行わない

(4) 通院と服薬（要・不要）―規則的に通院や服薬を行い、病状等を主治医に伝えることができるなど。
□ できる　□ おおむねできるが時には助言や指導を必要とする　□ 助言や指導があればできる　□ 助言や指導をしてもできない若しくは行わない

(5) 他人との意思伝達及び対人関係―他人の話を聞く、自分の意思を相手に伝える、集団的行動が行えるなど。
□ できる　□ おおむねできるが時には助言や指導を必要とする　□ 助言や指導があればできる　□ 助言や指導をしてもできない若しくは行わない

(6) 身辺の安全保持及び危機対応―事故等の危険から身を守る能力がある、通常と異なる

3 日常生活能力の程度（該当するものを○で囲んでください。）

※日常生活能力の程度を記載する際には、状態をもっとも適切に記載できる（精神障害）又は（知的障害）のどちらかを使用してください。

（精神障害）

(1) 精神障害（病的体験・残遺症状・認知障害・性格変化等）を認めるが、社会生活は普通にできる。

(2) 精神障害を認め、家庭内での日常生活は普通にできるが、社会生活には、援助が必要である。
（たとえば、日常的な家事をこなすことはできるが、状況や事柄に応じた判断を必要とする場面では困難を生じることもある。金銭管理はおおむねできる場合など。）

(3) 精神障害を認め、家庭内での単純な日常生活はできるが、時に応じて援助が必要である。
（たとえば、習慣化した外出はできるが、家事をこなすために助言や指導を必要とする。社会的な対人交流は乏しく、自発的な外出も少ない。自発的な発言が少ない、あるいは発言内容が不適切であったり、不安定であったりする等。金銭管理が困難な場合など。）

(4) 精神障害を認め、日常生活における身のまわりのことも、多くの援助が必要である。
（たとえば、著しく偏った食事を食べたり、不規則な生活になりがちである。自発的な発言が少ない、あるいは発言内容が不適切であったり、不安定であったりする等。金銭管理ができない場合など。）

(5) 精神障害を認め、身のまわりのこともほとんどできないため、常時の援助が必要である。
（たとえば、家庭内の単純な日常生活においても、常時援助を必要とする。また、在宅の場合に通院等の外出には、付き添いが必要な場合など。）

（知的障害）

(1) 知的障害を認めるが、社会生活は普通にできる。

(2) 知的障害を認め、家庭内での日常生活は普通にできるが、社会生活には、援助が必要である。
（たとえば、簡単な漢字は読み書きができ、会話も意思の疎通が可能であるが、抽象的なことは理解しにくい。身近な生活は一人でできる程度）

(3) 知的障害を認め、家庭内での単純な日常生活はできるが、時に応じて援助が必要である。
（たとえば、ごく簡単な買い物などはできるが、助言や指導がなければ作業は可能である。身辺の清潔保持は一人でできる程度）

144

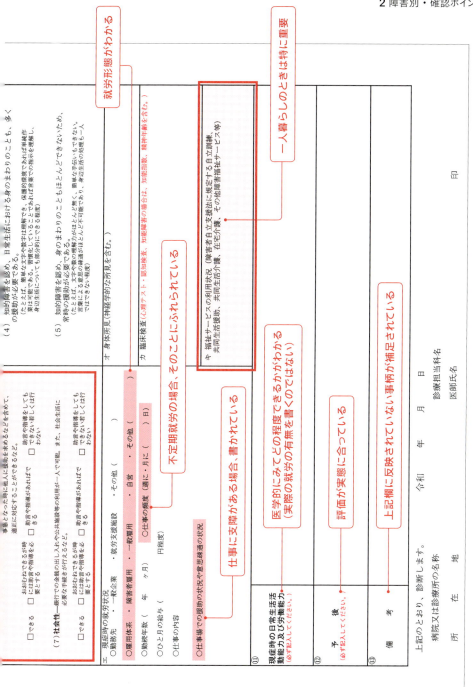

（2） **知的障害**	知的障害は、①初診日は出生日と決められている、②教育歴や知能指数が考慮されるのが特徴です。ポイントをみていきましょう。診断書は 152 ～ 155 頁に掲載しています。

書類の項目番号と項目 　**① 障害の原因となった傷病名**

ICDコードは書かれているか

前項の統合失調症と同様、ICD-10 コードが入っているかどうかをまず確認します。知的障害の ICD-10 コードは F7 です。

ICD-10 コード	障害名	IQ
F70	軽度知的障害	50～69
F71	中度知的障害	35～49
F72	重度知的障害	20～34
F73	最重度知的障害	20未満

上記はすべて対象になりますが、F70 軽度知的障害（IQ50 以上）の場合は、日常生活の支障や不適応行動の内容によっては、厳しい結果になることがあります。日常生活の支障（何ができないのか等）を正確に伝える必要があります。

発達障害が併発している場合

知的障害が軽度で障害基礎年金に該当しない 3 級程度の場合で、 あとから発達障害の症状が顕著になった場合は、 同一傷病として診査されるため、 ①欄に 「発達障害」 も併記することが大切です。3 級にも認定されない知的障害の人に発達障害が併発

した場合は、別傷病扱いとなります。

（参考：知的障害や発達障害と他の精神疾患が併存している場合の取扱い　給付情 2011 - 121）

書類の項目番号と項目	② 傷病の発生年月日

療育手帳があれば、発生年月日は出生日と判断される

　②傷病の発生年月日と、③初めて医師の診療を受けた日の記載を確認します。知的障害の場合は、初診日は医学的に出生日と決まっています。療育手帳のコピーを提出すれば、初診日＝出生日と判断されます。保険料の納付要件の確認も不要です。障害等級が認められれば、障害基礎年金のみの対象となります。

書類の項目番号と項目	⑦ 発病から現在までの病歴・⑨これまでの発育・養育歴等

過去の発育歴・治療歴・就学歴が書かれているか

　知的障害の場合は、現在の状況だけでなく過去の経過が考慮されることになっています。特に、発育歴・治療歴・就学歴は重要です。⑦⑨欄にはどんな内容が書かれるかを、等級判定ガイドラインに沿って一例を示します。

・生育歴……出生時の状況「出生時は異常がなかった」
・治療歴……生後5か月頃、発熱・ひきつけが数日続き、○○市小児科に入院。3歳頃まで2〜3度のひきつけがあった。
・就学歴……地元の養護学校に通学した。

（参考：厚生労働省　障害認定事例　知的障害）

ここで注意したいのは、⑨イの教育歴が、すべて普通学級の場合です。等級判定ガイドラインには、「特別支援教育の教育歴がある場合は、2級の可能性を検討する」と書かれているからです。以下に該当するときには、状況を明確に⑦に記入することになっています。

・特別支援教育を受けていないとき

→不適応行動、いじめ、学習の遅れはあったか。詳しい状況説明が
　必要。

・就学状況に困難なことがあったとき

→学力の低下、学業不振、不登校、中途退学

・専門的な訓練を受けていたとき

→障害児通園施設での専門訓練、児童デイサービスでの適応訓練、
　発達支援、自立訓練

(参考：診断書記載要領)

書類の項目番号と項目　⑩ **障害の状態　イ　左記の状態・・・**

不適応行動・チック・感覚過敏が書かれているか

　診断書記載要領には、不適応行動として以下が示されています。

> ・自分の身体を傷つける行為
> ・他人や物に危害を及ぼす行為
> ・周囲の人に恐怖や強い不安を与える行為(迷惑行為や突発
> 　的な外出など)
> ・著しいパニックや興奮、こだわり等の不安定な行動(自分でコント
> 　ロールできない行為で、頻発して日常生活に支障が生じるもの)

押さえておこう！　診断書の確認ポイント
2 障害別・確認ポイント

3

　このいずれかに該当する場合、そのことが記述されている必要があります。また、以下も記載するように示されています。

- ・通院の頻度や薬物治療の目的や内容（種類、量、期間）、服薬状況（他の精神疾患が併存していることなどにより、通院や薬物治療を行っている場合）
- ・トゥレット症候群やチック障害特有の症状等
- ・臭気、光、音、気温などの感覚過敏

| 書類の項目番号と項目 | ⑩ **障害の状態　ウ・2　日常生活能力の判定** |

| 書類の項目番号と項目 | ⑩ **障害の状態　ウ・3　日常生活能力の程度** |

一人暮らしを想定した内容になっているか

　統合失調症の項目でお伝えしたように、診断書のなかできわめて重要な項目群です。ポイントは、**「日常生活能力の判定」では、全7項目について本人が一人暮らしをしている想定でチェックされているかどうか、「日常生活能力の程度」では、日常生活能力の判定と内容が整合するか**です。知的障害者も家族と同居している方が多く、医師が診察時に家族から聞く内容は、家族のサポートを得て生活している状況になります。

149

(1)〜(5)のどこに当たるかが難しいところですが、診断書の記載要領には、具体的な事例が書かれているので目安になります。ここでは、どういう状況の場合が2級相当(4)になるのか、診断書の記載要領に書かれている具体例を紹介します。

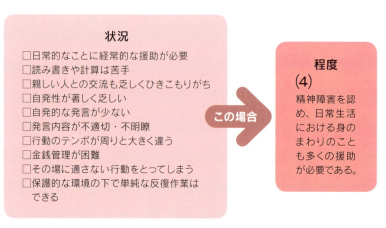

(参考：診断書記載要領)

書類の項目番号と項目　⑩ 障害の状態　エ　現症時の就労状況

援助の状況が書かれているか

　就労に関する内容は、障害年金の等級の判定にかかわってくる重要なポイントです。就労しているか否かだけで診査されるわけではなく、どんな支障が出ているのか、援助の内容がどういうものかを日本年金機構の認定診査医員は確認します。ここを具体的に記されている必要があります。たとえば、仕事で以下のような面をみられます。

・仕事をする際にどんな援助や配慮を受けているか。
・その援助や配慮が無かったらどうなるか。

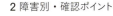

- 他の従業員との意思疎通の状況はどうか。
- 就労継続支援A型・B型・障害者雇用・就労移行支援のいずれかにあたるか。
- 一般企業で働いている場合（障害者雇用を含む）、仕事の内容は保護的な環境下で単純かつ反復的業務か。

（参考：等級判定ガイドライン）

書類の項目番号と項目　⑩ 障害の状態　カ　臨床検査

IQや療育手帳のことが書かれているか

　知的障害の場合は、IQの数値、および療育手帳の有無と等級が診査のポイントになります。その検査日と交付日の記入も確認します。

書類の項目番号と項目　⑪ 現症時の日常生活活動能力及び労働能力

可否と程度がはっきり書かれているか

　前述の「エ　現症時の就労状況」とは違い、実際の就労の有無が書かれるのではないということです。本来は働くのは難しい状況なのに無理していたり、逆に能力的には働ける状態で働いていないこともあるでしょう。医学的に見て就労できるのかできないのか、できるなどのような援助が必要かが書かれます。

知的障害 —オモテ

様式第120号の4

診断書（精神の障害用）

> 発達障害がある場合は併記される

> ICD-10コードがある

> 知的障害の場合は出生日になる

> 過去のことも具体的に書かれている

> 「教育歴」が「普通学級」の場合は生活の支障が記載される

> 本人の診療録で確認又は本人の申立て確認のいずれかで、本人の申立ての場合はそれを聴取した年月日を記入してください。

国民年金／厚生年金保険

住所地の郵便番号		
（フリガナ）氏名		
住所	都道府県	郡市区
生年月日 昭和・平成・令和 年 月 日	性別 男・女	（ 歳 ）

① 障害の原因となった傷病名　ICD-10コード（　）

② 傷病の発生年月日　昭和・平成・令和　年　月　日　確認・推定　診療録で確認・本人の申立て（年月日）

③ ①のため初めて医師の診療を受けた日　平成・令和　年　月　日　確認・推定　診療録で確認・本人の申立て（年月日）

④ 既存障害　本人の発病時の職業

⑤ 既往症

⑥ 傷病が治った（症状が固定した状態を含む。）かどうか。　症状のよくなる見込・・・有・無・不明　聴取年月日　年　月　日　請求人との続柄

⑦ 発病から現在までの病歴及び治療の経過、内容、就学・就労状況等、期間、その他参考となる事項

⑧ 診断書作成医療機関における初診時所見

初診年月日　昭和・平成・令和　年　月　日

⑨
ア　発育・養育歴
これまでの発育・養育歴等（出生から発育・養育歴及びこれまでの状況や教育歴及びこれまでの職歴をできるだけ詳しく記入してください。）

イ　教育歴
乳児期・就学前
小学校（普通学級・特別支援学級・特別支援学校）
中学校（普通学級・特別支援学級・特別支援学校）
高校（普通学級・特別支援学校）
その他

ウ　職歴

エ　治療歴（書き込めない場合は⑨「備考」欄に記入してください。）

医療機関名	同名	入院・外来	治療期間	主な療法	転帰（軽快・悪化・不変）

（お願い）

押さえておこう！ 診断書の確認ポイント
2 障害別・確認ポイント

3 診断書（知的障害） —オモテ

不適応行動が詳しく書かれている

（お願い）大文字の欄は、記入漏れがないように記入してください。

イ 左記の状態について、その程度・症状・処方薬等を具体的に記載してください。

（平成・令和　　年　　月　　日　現症）

⑩ 現在の病状又は状態像（該当のローマ数字、英数字を○で囲んでください。）

前回の診断書の記載時との比較（前回の診断書を作成している場合は記入してください。）
1 変化なし　2 改善している　3 悪化している　4 不明

ア そううつ状態
　Ⅰ　1 抑うつ状態　2 思考・運動制止　3 刺激性、興奮　5 自殺企図　6 その他（　　　）
　Ⅱ　1 行為心迫　2 多弁・多動　3 気分（感情）の異常な高揚・刺激性　5 易怒性・被刺激性亢進　6 誇大妄想　7 その他（　　　）

イ 幻覚妄想状態
　Ⅲ　1 幻覚　2 妄想　3 させられ体験　4 思考形式の障害　5 著しい前駆状態　6 その他（　　　）

ウ 精神運動興奮状態及び昏迷の状態
　Ⅳ　1 興奮　2 昏迷　3 拒絶　4 減裂思考　5 衝動行為　6 自閉　7 無動・無反応　8 その他（　　　）

エ 統合失調症等残遺状態
　Ⅴ　1 自閉　2 感情の平板化　3 意欲の減退　4 その他（　　　）

オ 意識障害・てんかん
　Ⅵ　1 意識混濁　2 （夜間）せん妄　3 もうろう　4 錯乱　5 てんかん発作　7 その他（　　　）
・てんかん発作の状態　※発作のタイプは記入上の注意参照
　1 てんかん発作のタイプ　（A・B・C・D）
　2 てんかん発作の頻度（年間　　回　月平均　　回、週平均　　回　程度）

カ 知能障害
　Ⅶ　1 知的障害　ア 軽度　イ 中等度　ウ 重度　エ 最重度
　　2 認知症　ア 軽度　イ 中等度　ウ 重度　エ 最重度
　　3 高次脳機能障害　ア 失語　イ 失行　ウ 失認　エ 遂行機能障害　オ 社会的行動障害
　　ア 記憶障害　イ 読み・書き・計算　ウ 書き　エ その他（　　　）
　　4 学習障害　ア 読み　イ 書き　ウ 計算　エ その他（　　　）
　　5 その他（　　　）

キ 発達障害関連症状
　Ⅷ　1 相互的な社会関係の質的障害　2 言語コミュニケーションの障害　3 限定した常同的で反復的な関心と行動　4 その他（　　　）

ク 人格変化
　Ⅸ　1 欠損状態　2 無気力　3 無為　4 その他（　　　）

ケ
　Ⅹ　1 乱用　2 依存
　XI その他　薬物名：　　1 乱用　2 依存［　　　　　　］

本人の障害の程度及び状態に無関係な欄には記入する必要はありません。（無関係な欄は、斜線により抹消してください。）

臨床所見等は、診療録に基づき、わかる範囲で記入してください。

年	月 〜	年 　月	入院・外来
年	月 〜	年 　月	入院・外来
年	月 〜	年 　月	入院・外来
年	月 〜	年 　月	入院・外来

診療　障　害　の　状　態

ポイント

知的障害 ウラ

「日常生活能力の判定」と内容が整合する

一人暮らしを想定してチェックされている

ウ 日常生活状況

1 家庭及び社会生活についての具体的な状況

(ア) 現在の生活環境 (該当するものの一つを○で囲んでください。)
　入院・入所・在宅・その他 (　　　　)
　(施設名　　　　　　　　)
　同居者の有無 (有 ・ 無)

(イ) 全般的状況 (家族及び家族以外の者との対人関係についても具体的に記入してください。)

2 日常生活能力の判定 (該当するものにチェックしてください。)
(判断にあたっては、単身で生活するとしたら可能かどうかで判断してください。)

(1) 適切な食事 —配膳などの準備も含めて適当量をバランスよく摂ることがほぼできるなど。
□できる □自発的にできるが時には助言や指導を必要とする □自発的にできないが助言や指導があればできる □助言や指導をしてもできない若しくは行わない

(2) 身辺の清潔保持 —洗面、洗濯、入浴等の身体の衛生保持や着替え等ができる。また、自室の清掃や片付けができるなど。
□できる □自発的にできるが時には助言や指導を必要とする □自発的にできないが助言や指導があればできる □助言や指導をしてもできない若しくは行わない

(3) 金銭管理と買い物 —金銭を独力で適切に管理し、やりくりがほぼできる。また、一人で買い物が可能であり、計画的な買い物がほぼできるなど。
□できる □おおむねできるが時には助言や指導を必要とする □助言や指導があればできる □助言や指導をしてもできない若しくは行わない

(4) 通院と服薬 (要・不要) —規則的に通院や服薬を行い、病状等を主治医に伝えることができるなど。
□できる □おおむねできるが時には助言や指導を必要とする □助言や指導があればできる □助言や指導をしてもできない若しくは行わない

(5) 他人との意思伝達及び対人関係 —他人の話を聞く、自分の意思を相手に伝える、集団的行動が行えるなど。
□できる □おおむねできるが時には助言や指導を必要とする □助言や指導があればできる □助言や指導をしてもできない若しくは行わない

(6) 身辺の安全保持及び危機対応 —事故等の危険から身を守る能力がある、通報等が行え

---

3 日常生活能力の程度 (該当するものを○で囲んでください。)
※日常生活能力の程度を記載する際には、状態をもっとも適切に記載できる (精神障害又は知的障害) のどちらかを使用してください。

(精神障害)

(1) 精神障害 (病的体験・残遺症状・認知障害・性格変化等) を認めるが、社会生活は普通にできる。

(2) 精神障害を認め、家庭内での日常生活は普通にできるが、社会生活には、時に応じて援助が必要である。
(たとえば、日常的な家事をこなすことはできるが、状況や手順が変化したりすると困難を生じることがある。社会的な対人交渉は普通にできないことがある。金銭管理はおおむねできる場合など。)

(3) 精神障害を認め、家庭内での日常生活においても援助を必要とする。
(たとえば、習慣化した外出は一人でできるが、家事をこなすために助言や指導を必要とする。社会的な対人交渉は避けがちである。金銭管理が困難な場合など。)

(4) 精神障害を認め、日常生活における身のまわりのことも、多くの援助が必要である。
(たとえば、著しく適正を欠く行動が見受けられ、自発的な発言が少ない、あっても発言内容が不適切であったり不明瞭であったりする等、会話が成立しにくい場合など。)

(5) 精神障害を認め、身のまわりのこともほとんどできないため、常時の援助が必要である。
(たとえば、家庭内生活においても、食事や身のまわりのことを自発的にすることができない。また、在宅の場合に過度の外出には、付き添いが必要な場合など。)

(知的障害)

(1) 知的障害を認めるが、社会生活は普通にできる。

(2) 知的障害を認め、家庭内での日常生活は普通にできるが、社会生活には、援助が必要である。
(たとえば、簡単な漢字は読み書きができ、会話も意思の疎通が可能であるが、抽象的なことは理解し難い。身辺の生活は一人でできる程度)

(3) 知的障害を認め、家庭内での単純な日常生活はできるが、時に応じて援助が必要である。
(たとえば、ごく簡単な読み書きや計算はできるが、助言などがあれば作業は可能。具体的な指示であれば理解ができ、身辺の生活も一人でできる程度)

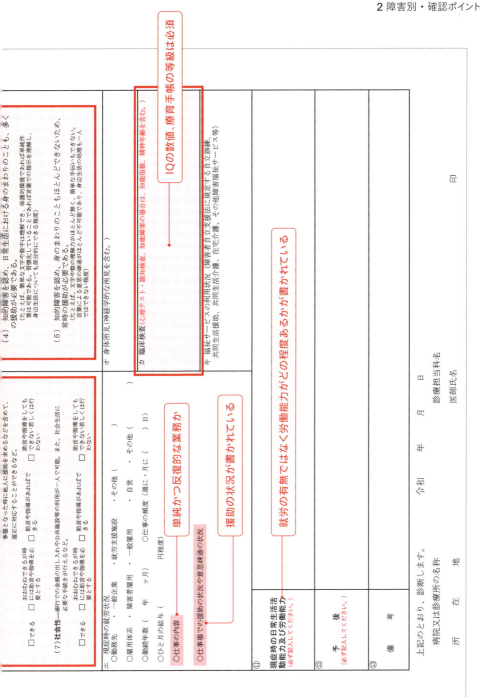

	（3）
	広汎性発達障害

発達障害は近年注目されています。対人関係や意思疎通の問題による生きづらさが診断書に書かれているかどうかがポイントです。診断書は 162 ～ 165 頁に掲載しています。

書類の項目番号と項目　**① 障害の原因となった傷病名**

ICD-10コードは書かれているか

　必ず ICD-10 コードの記入が必要です。発達障害の主なコードは、以下のとおりです。

ICD-10コード	障害名
F84	広汎性発達障害
F84.5	アスペルガー症候群
F90	多動性障害

　また、知的障害があるかないかは、初診日の関係上、重要になります。知的障害がある場合は、①に併記します。

書類の項目番号と項目　**③ ①のため初めて医師の診療を受けた日**

初診日の扱いは知的障害の有無による

　発達障害のため初めて医師の診療を受けた日を記入します。ただし、知的障害の有無とその重症度により、初診日の取り扱いは変わってきます。

発達障害と知的障害の併発パターン	初診日
①知的障害（2級以上） ＋ 発達障害	出生日（同一疾病）
②知的障害（3級相当） ＋ 発達障害	出生日（同一疾病）
③知的障害（3級不該当） ＋ 発達障害	発達障害の初診日（別疾病扱い）
④知的障害なし発達障害のみ	発達障害の初診日

（参考：知的障害や発達障害と他の精神疾患が併存している場合の取扱い　給付情 2011 - 121）

書類の項目番号と項目　**⑦ 発病から現在までの病歴等**

判明した経緯は書かれているか

　発達障害は、社会人になって就職してから判明することがあります。その場合、初診日が厚生年金の扱いになることから、幼少期に判明した人と年金の金額が変わります。

　そのため、知的障害を伴わない発達障害の場合は、特に判明したきっかけと、初診日までの経過が大切になります。

　診断書記載要領に示されているのは、以下の要素です。

> ・現在までの病歴や生育状況
> ・治療があればその経過、内容（薬物の種類、量、期間など）
> ・就学・就労状況

知的障害を伴わない発達障害の場合

> ・発達障害が判明したきっかけ
> ・小児期に見られた発達障害をうかがわせる症状、行動等

| 書類の項目番号と項目 | ⑨ これまでの発育・養育歴等　ア　発育・養育歴 |

生きづらさや不適応行動が書かれているか

　知的障害を伴う人の場合、教育歴は重要です。特別支援教育を受けているかどうかが認定にかかわってきます。

　一方、発達障害の人のなかには、IQ が非常に高かったり、国立大学を卒業している人もいます。その場合には、特別支援学級に通級していないから、ダメということではありません。教育歴は普通学級、大学卒と記入された上で、他の欄で生きづらさ(対人関係・意思疎通)や不適応行動が具体的に記述されていることが重要です。

　等級判定ガイドラインには、以下のように書かれています。

> ・知的障害を伴わない発達障害は、社会的行動や意思疎通能力の障害が顕著であれば、それを考慮する。

| 書類の項目番号と項目 | ⑨ これまでの発育・養育歴等　ウ　職歴 |

短期間の転職続きが書かれているか

　発達障害の場合、職場に適応できずに短期間のうちに転職を繰り返すことがあります。そのような場合は、職歴だけでなく、短期間しか就労できなかったことが記載されている必要があります。

　たとえば、「コンビニやガソリンスタンドのアルバイト。いずれもほとんどコミュニケーションをとれず、1〜2週間の短期間で退職した。30回以上転職」など、具体的に書かれていると状況がより伝わります。

押さえておこう！　診断書の確認ポイント
2 障害別・確認ポイント

3

書類の項目番号と項目　**⑩ 障害の状態　イ　左記の状態…**

対人関係や意思疎通の困難さがわかるか

　発達障害の特性として、対人関係や意思疎通に難しさがあること
が考えられるため、そこが書かれているかを確認します。不適応行動
についても同様に確認します。

　等級判定ガイドラインには、以下が示されています。

・知能指数が高くても日常生活能力が低い（特に対人関係や意
思疎通を円滑に行うことができない）場合は、それを考慮す
る。

・不適応行動を伴う場合に、診断書の⑩「ア　現在の病状又
は状態像」のⅦ知能障害等またはⅧ発達障害関連症状と合
致する具体的記載があれば、それを考慮する。

・臭気、光、音、気温などの感覚過敏があり、日常生活に制限
が認められれば、それを考慮する。

159

書類の項目番号と項目	⑩ 障害の状態　ウ・2　日常生活能力の判定

書類の項目番号と項目	⑩ 障害の状態　ウ・3　日常生活能力の程度

一人暮らしを想定した内容になっているか

　統合失調症、知的障害と同様、重要な項目になります。「日常生活能力の判定」は、全7項目について本人が一人暮らしをしている想定でチェックされているかどうか、「日常生活能力の程度」は、日常生活能力の判定と内容が整合するかをチェックします。

書類の項目番号と項目	⑩ 障害の状態　エ　現症時の就労状況

職場での援助や意思疎通の状況はわかるか

　統合失調症、知的障害と同じく、就労している事実だけで障害年金の支給決定が判断されることはありません。大切なのは、就労の有無だけでなく、職場での援助や意思疎通の問題点が示されていることです。特に一般企業に就労している場合には、以下の点が確認されます。

・単純、反復的な業務か。

・意思疎通はできているか。

・不適切な行動はないか。

・臨機応変な対応はできるか。

・常時の管理・指導は必要か。

（参考：等級判定ガイドライン）

> 押さえておこう！　診断書の確認ポイント
> **2 障害別・確認ポイント**

書類の項目番号と項目 **⑩ 障害の状態　カ　臨床検査**

検査結果や障害者手帳に関する記載はあるか

WAIS- Ⅲ検査の結果や IQ が記載されます。

書類の項目番号と項目 **⑩ 障害の状態　キ　福祉サービスの利用状況**

職業訓練など専門機関の支援の有無を確認

　専門機関による支援や、発達障害者自立訓練等の支援を受けている場合は記入されます。

書類の項目番号と項目 **⑪ 現症時の日常生活活動能力及び労働能力**

どの程度できるのかが明確に書かれているか

　日常生活については、家族の援助がどのくらい必要か、本人が一人で身の回りのことができるか、どの程度できるかが記載されている必要があります。

　労働能力については、実際の就労の有無ではありません。就労できるのかできないのか、就労できるならどの程度労働できるのかが記載されている必要があります。就労していて、その影響から日常生活能力が著しく低下していれば、その状況の記載も必要です。

広汎性発達障害 —オモテ

ポイント

様式第120号の4

診断書（精神の障害用）

国民年金
厚生年金保険

- ICD-10コードがある
- 知的障害の有無により変わる
- 発達障害が判明した経緯が書かれている
- 養育上の対人関係や不適応行動など
- 短期間の転職は事実関係として重要

（精）
フリガナ
氏名

住所　都道府県　市区町村

① 障害の原因となった傷病名
　ICD-10コード（　　　）

② 傷病の発生年月日　昭和・平成・令和　年　月　日　確認・推定

③ ①のため初めて医師の診療を受けた日　昭和・平成・令和　年　月　日

④ 既存障害

⑤ 既往症

⑥ 傷病が治った（症状が固定した状態を含む。）かどうか。　年　月　日　確認・推定

生年月日　昭和・平成・令和　年　月　日生　性別（歳）男・女

診療録で確認　本人の申述（年月日）
診療録で確認　本人の申立て（年月日）
有・無・不明
症状のよくなる見込・・・有・無・不明
聴取年月日　年　月　日

本人の発病時の職業

請求人との続柄

⑦ 発病から現在までの病歴及び治療の経過、内容、就学・就労状況等、期間、その他参考となる事項

陳述者の氏名

ア　発育・養育歴
これまでの発育・養育歴（出生から発育・発病までの状況や教育歴並びにこれまでの職歴をできるだけ詳しく記入してください。）

イ　教育歴
乳児期　就学猶予
小学校・普通学級・特別支援学級・特別支援学校
中学校・普通学級・特別支援学級・特別支援学校
高校　普通学級・特別支援学級・特別支援学校
その他

ウ　職歴

エ　治療歴（書ききれない場合は㉙「備考」欄に記入してください。）

医療機関名	入院・外来	治療期間	主な療法	転帰（軽快・悪化・不変）

診断書作成医療機関における初診時所見
初診年月日　昭和・平成・令和　年　月　日

（※　同一医療機関の入院・外来は分けて記入してください。）

（お願い）

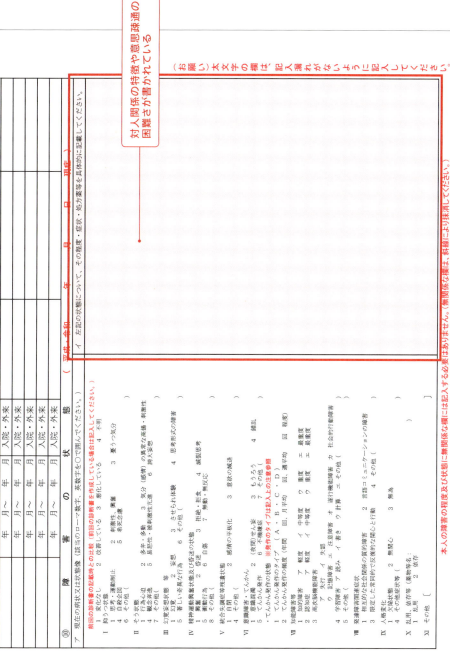

広汎性発達障害 —ウラ

一人暮らしを想定してチェックされている

「日常生活能力の判定」と内容が整合する

ウ 日常生活状況

1 家族及び社会生活についての具体的な状況

(ア) 現在の生活環境（該当するものを○で囲んでください。）
　　入院 ・ 入所 ・ 在宅 ・ その他（　　　）
　　（施設名　　　　　）
　　同居者の有無　（　有　・　無　）

(イ) 全般的状況（家族及び家族以外の者との対人関係についても具体的に記入してください。）

2 日常生活能力の判定（該当するものに☑をチェックしてください。）
（判断にあたっては、単身で生活を行う場合を想定して判断してください。）

(1) 適切な食事—配膳などの準備も含めて適当量をバランスよく摂ることがほぼできるなど。
　□ できる
　□ 自発的にできるが時には助言や指導を必要とする
　□ 自発的かつ適正に行うことはできないが助言や指導があればできる
　□ 助言や指導をしてもできない若しくは行わない

(2) 身辺の清潔保持—洗面、洗濯、入浴等の身体の衛生保持や着替え等ができる。また、自室の清掃や片付けができるなど。
　□ できる
　□ 自発的にできるが時には助言や指導を必要とする
　□ 自発的かつ適正に行うことはできないが助言や指導があればできる
　□ 助言や指導をしてもできない若しくは行わない

(3) 金銭管理と買い物—金銭を独力で適切に管理し、計画的で適正な買い物がほぼできるなど。
　□ できる
　□ おおむねできるが時には助言や指導を必要とする
　□ 助言や指導があればできる
　□ 助言や指導をしてもできない若しくは行わない

(4) 通院と服薬（要・不要）—規則的に通院や服薬を行い、病状等を主治医に伝えることができるなど。
　□ できる
　□ おおむねできるが時には助言や指導を必要とする
　□ 助言や指導があればできる
　□ 助言や指導をしてもできない若しくは行わない

(5) 他人との意思伝達及び対人関係—他人の話を聞く、自分の思いを相手に伝える、集団的行動が行えるなど。
　□ できる
　□ おおむねできるが時には助言や指導を必要とする
　□ 助言や指導があればできる
　□ 助言や指導をしてもできない若しくは行わない

(6) 身身の安全保持及び危機対応—事故等の危険から身を守る能力がある、通常と異なる…

---

3 日常生活能力の程度（該当するものの一つを○で囲んでください。）
　※日常生活能力の程度を記載する際には、状態をもっとも適切に記載できる（精神障害又は知的障害）のどちらかを使用してください。

（精神障害）

(1) 精神障害（病的体験・残遺症状・認知障害・性格変化等）を認めるが、社会生活は普通にできる。

(2) 精神障害を認め、家庭内での日常生活は普通にできるが、社会生活には、援助が必要である。
（たとえば、日常的な家事をこなすことはできるが、状況や手順が変化したりすると困難を生じることもある。社会的な対人交流は乏しくないが消極的。自発的活動が適切に出来ないこともある。金銭管理はおおむねできる場合など。）

(3) 精神障害を認め、家庭内での単純な日常生活はできるが、時に応じて援助が必要である。
（たとえば、習慣化した外出はできるが、社会的な対人交流は乏しく、自発的活動が不得要領であったりする。金銭管理が困難な場合など。）

(4) 精神障害を認め、日常生活における身のまわりのことも、多くの援助が必要である。
（たとえば、著しく適正を欠く行動が見受けられ、自発的な発言が少なく、あっても要領を得ない不得要領であったりする。金銭管理ができない場合など。）

(5) 精神障害を認め、身のまわりのこともほとんどできないため、常時の援助が必要である。
（たとえば、家庭内生活においても、食事や身のまわりのことを自発的にすることができない。また、在宅の場合に通院等の外出には、付き添いが必要な場合など。）

（知的障害）

(1) 知的障害を認めるが、社会生活は普通にできる。

(2) 知的障害を認め、家庭内での日常生活は普通にできるが、社会生活には、援助が必要である。
（たとえば、簡単な漢字は読み書きができ、会話も意思の疎通が可能であるが、抽象的なことは理解し難い。身辺の処理は一人でできる程度）

(3) 知的障害を認め、家庭内での単純な日常生活はできるが、時に応じて援助が必要である。
（たとえば、ごく簡単な読み書きや計算はできるが、助言や指導が必要である。身辺の処理も声かけや指示がなければ、一人では難しいこともある程度）

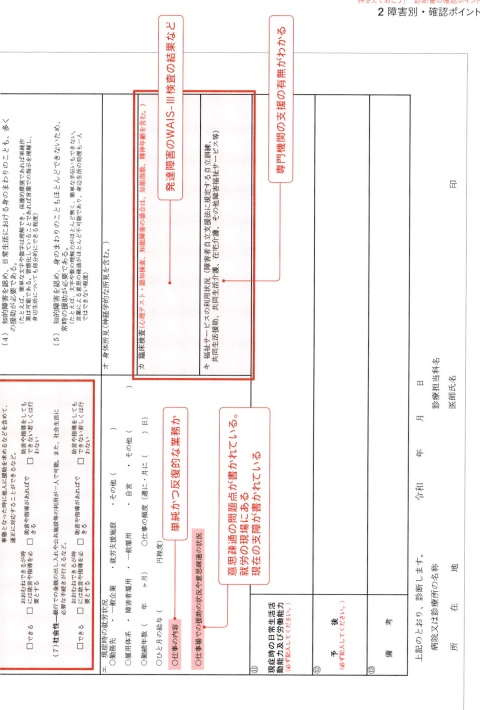

肢体の障害用

次に、「肢体の障害用」の診断書が用いられる傷病について、確認ポイントをみていきます。相談事例としては「脳血管障害」が多く、傷病名は、脳梗塞、脳内出血、くも膜下出血、脳血栓症などです。これらの脳血管障害では、片麻痺や失語症、高次脳機能障害（精神）など複数の後遺症が残ることがあり、それぞれの後遺障害にあわせた診断書が使用されます。主に使われるのは以下の診断書です。

後遺障害	診断書の種類
片麻痺	肢体の障害用（様式第120号の3）
失語症	音声又は言語機能の障害用（様式第120号の2）
高次脳機能障害（精神）	精神の障害用（様式第120号の4）

時々、「診断書は1種類しか年金事務所に提出できない」と病院から言われる方がいるようですが、そんなことはありません。上記の3つの後遺障害が残っているのであれば、3種類の診断書を提出できます。たとえば「肢体障害2級」の人に「言語障害」があった場合、併合すれば1級になることがあります。その場合にはそれぞれの診断書が必要です。1種類しか出さなければ、2級のままです。もちろん、たくさん出せばよいわけではありません。障害等級のレベルに達していない軽い診断書を提出しても等級は上がらず、診断書の文書料が無駄になります。

　大切なのは、各自の後遺障害にあわせた診断書を使用することです。以下、「肢体の障害用（様式120号の3）」について説明していきます。

押さえておこう！　診断書の確認ポイント
2 障害別・確認ポイント

（4）脳血管障害

「精神の障害用」とはずいぶん書式の構成が異なります。身体機能にかかわる項目が多く、それらが正確に記載されている必要があります。診断書は 176 ～ 179 頁に掲載しています。

書類の項目番号と項目　**② 傷病の発生年月日**

書類の項目番号と項目　**③ ①のため初めて医師の診療を受けた日**

高血圧や糖尿病との因果関係は考慮されない

　脳血管障害は、医学的には高血圧や糖尿病との因果関係が指摘されています。厚生労働省の調査で脳卒中の発症率は、重症の高血圧 180mmHg 以上の人が正常血圧の人の 7 倍以上にもなります。

　しかし、障害年金の診査においては、 脳血管障害と高血圧や糖尿病に因果関係はないという扱いになります。脳血管障害の発生年月日は、高血圧の既往症があったとしてもその状態とは関係なく、脳血管障害そのものの発生年月日となります。同様に、初診日は脳血管障害の治療が開始された日になります。

書類の項目番号と項目　**⑦ 傷病が治った（症状固定）かどうか**

症状固定なら日付の記入と確認に○印

　障害年金の請求は、初診日から 1 年 6 か月を経過する（障害認定日）まで、待たなくてはなりません。ただし、それまでの間に 「症状固定」 と判断され、 日本年金機構が定めている条件に合致すれ

167

ば、その期間を待たなくてよいことになっています。

　脳血管障害の症状固定の条件は、「機能障害を残しているときは、初診日から6か月を経過した日以後に医学的観点から、それ以上の機能回復がほとんど望めないと認めるとき」です。たとえば、「初診日から6か月で症状固定と診断され、請求したAさん」と、「何も知らずに通常どおり1年6か月経過するまで待ったBさん」とでは、Aさんのほうが障害年金の支給開始時期が1年早く、障害基礎年金2級であれば、約80万円をBさんより多く受け取ることになります。

　初診から6か月経過以後に症状固定と判断された場合は、その状態が正確に記載された診断書を準備できるかを検討することをお勧めします。仮に、その時点で認められなくても、通常どおり1年半を経過した時点で再度請求手続きをすることが可能です。

押さえておこう！　診断書の確認ポイント
2 障害別・確認ポイント

3

| 書類の項目番号と項目 | ⑨ 現在までの治療の内容・・・ |

6か月の症状固定で請求する場合は注意

　今までの治療内容や経過が記載される項目です。注意したいのは、「⑦傷病が治ったかどうか」で症状固定と判断され、認定日まで待たずに早めに請求する場合です。

　⑨欄で「今後も機能回復のためのリハビリを継続する」といった記載がある場合、症状固定と判断されないことがあります。

| 書類の項目番号と項目 | ⑪ 切断又は離断・変形・麻痺 |

麻痺の部位が洩れなく記載されているか

　⑪欄は必ず記入することになっています。運動麻痺のある箇所が人体や手足の絵に書き込まれます。起因部位等の情報も洩れなく盛り込まれています。運動麻痺を示す横線が人体図に入ってきますが、手足図には何も書かれていないことも多く、両方に書き込まれているのが望ましいです。

| 書類の項目番号と項目 | ⑭ 握力　⑮ 手（足）指関節の他動可動域 |

握力は重要な情報

　片麻痺の場合、障害側の手指の筋力が消失していることがあります。特に握力は重要な情報です。手指可動域も洩れがないか確認します。測定できないほど状態が悪い場合は、「測定不能」と書いていただきます。斜線を引くと、障害がないと判断されかねません。

| 書類の項目番号と項目 | **⑯ 関節可動域及び筋力** |

肢体の筋力が正確に書かれているか

　脳血管障害は⑱の日常生活動作が最重要ですが、この⑯も考慮されることになっています。関節可動域（角度）には、医師や作業療法士、理学療法士などの検査者がプロの手で動かして計測した他動可動域が記載されます。原則として、本人が自分の力で動かせる可動域は問われていません。

　筋力のほうは、検査者が手足に圧力を加えたときに、患者自身がどれだけ反発できるかどうかの筋力テストの結果が記載されます。脳血管障害では、他動可動域は問題ないが筋力は消失というケースが珍しくありません。この場合、筋力がとても重要な情報です。

　よく記入洩れがあるのが、書式枠外の右端にある「股関節屈曲値は次のどちらですか」の箇所です。股関節の可動域・筋力について記載がある場合は、「1膝屈曲位」「2膝伸展位」のどちらかが選択されていないと返戻されます。目立たない箇所ですが、注意が必要です。

| 書類の項目番号と項目 | **⑱ 日常生活における動作の障害の程度** |

補助用具を使用しない状態の内容か

　障害認定基準には、「肢体の機能の障害の程度は、関節可動域・筋力・巧緻性・速さ・耐久性を考慮し、日常生活における動作の状態から身体機能を総合的に認定する」とあり、肢体の障害用の診断書で最も重視したい項目です。気をつけたいことが2点あります。

　脳血管障害の場合、下肢装具や杖を使用していることが多く、使用しているときと使用しないときでは可能な動作はまったく異なりま

す。そのため、補助用具を使用していない状態で判断されることが必要です。

　杖などの補助用具を使用していなくても、介助者の肩につかまったり、壁や椅子を使って移動したりする場合は、それらの助けがない状態として記載される内容でなければなりません。診察室でコルセットを付けている場合、衣服の外からは着けているかどうかが医師にはわかりません。コルセットは外してから受診する必要があります。

実際の日常生活の動作とかけ離れていないか

　⑱欄は、○△×の記号を4つのレベルで判断して記載される項目です。補助用具を使用しない状態で、以下を判断します。

1人でうまくできる	○	1人で行える不自由度によって判断される
1人でできても、やや不自由	○△	
1人でできるが、非常に不自由	△×	
1人でまったくできない	×	完全に「できない」はここだけ

　ここで確認される内容は、「日常生活における動作」ですから、診察室で短時間しかみることのない医師にはわからないことがどうしてもあります。それでありながら、「先生からは一つも質問されず、こっちで書いておくからねと言われました」という例もあります。患者に負担をかけまいと好意から言われるのだとしても、医師の想像で書かれて現実とかけ離れては正確な等級からも遠ざかってしまいます。

　特にやや不自由か、非常に不自由かは悩ましいところですが、障害年金にこの差の細かい決まりは今のところありません。患者の主観を聞いた上で、医師の権限で最終判断されるのが理想の流れと考えます。大切なのは、日頃からのコミュニケーションでしょう。

書類の項目番号と項目　**⑲ 補助用具使用状況**

補助用具を使用していないときは、その理由を記載

　どの補助用具を使用しているかと、どの程度使用しているかが記載される項目です。該当する番号に〇が付き、ア（常時使用）かイ（常時ではないが使用）のカタカナが書き込まれます。

　気をつけたいのが、**動作が困難な状態でも補助用具を使用していないケース**です。歩行に支障があっても、さまざまな事情から補助用具を使っていないことがあります。その場合は、「使用状況を詳しく記入してください」の欄に状況が書かれている必要があります。たとえば、「杖は以前につまずいたことがあり、転倒の危険があるため現在は使用していないが、歩行には介助者の介助が必要」などと記載されます。**補助用具を使用していないとの理由から、等級が実態より軽度に判断される事例もあり、状況を正確に伝えたい**ところです。

　また、この欄は以下のような書き方の誤りがよくあります。

 正しい記載

```
2 [ア] 下肢補装具　（左・右）　　ア　常時（起床より就寝まで）使用
4 [  ] 松葉杖　　　（左・右）　　イ　常時ではないが使用
6 [  ] 歩行車
```

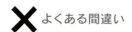 よくある間違い

```
2 [○] 下肢補装具　（左・右）　　ア　常時（起床より就寝まで）使用
4 [  ] 松葉杖　　　（左・右）　　イ　常時ではないが使用
6 [  ] 歩行車
```

押さえておこう！ 診断書の確認ポイント
2 障害別・確認ポイント

3

| 書類の項目番号と項目 | ⑳ その他の精神・身体の障害の状態 |

複数の後遺症があるときは、それぞれの診断書が必要

　脳血管障害では複数の障害が残ることがあります。肢体障害以外に、たとえば「失語症」がある場合はこの欄に記載されますが、失語症と書かれただけでは等級は上がりません。併合して1級の診査を受けるときは、ここへの記載とあわせて、「音声又は言語機能の障害用（様式第120号の2）の診断書」を提出する必要があります。

| 書類の項目番号と項目 | ㉑ 現症時の日常生活活動能力及び労働能力 |

補助用具を使用しない状態で判断されているか

　日常生活や労働にかかわる能力がどの程度あるかが記載される項目です。ポイントは、補助用具を使用しない状態を想定して書かれているかどうかです。

　就労できるのかできないのか、就労できるならどの程度労働できるのか、どんな援助が必要なのか、医師の所見が書かれていることが重要です。実際の就労の有無ではありません。

　日常生活についても同様です。家族の援助がどのくらい必要か、本人が一人で身の回りのことができるか、どの程度できるかが簡潔に記述されている必要があります。

　また、手足に疼痛がある神経障害の場合には、注意が必要です。「疼痛は、原則として認定の対象にならない」からです。しかし、「軽易な労働以外の労働に常に支障がある程度のものは、3級と認定」（障害認定基準）することになっており、診断書に記載される情報が大変重要になってきます。これにより、「軽易な労働以外の労働に常

に支障があるか」が診査されるため、この情報が書かれていないと対象外になる可能性があります。

　疼痛は、障害認定基準に次の種類が示されています。

・四肢その他の神経の損傷によって生じる灼熱痛
・脳神経及び脊髄神経の外傷その他の原因による神経痛
・根性疼痛
・悪性新生物に随伴する疼痛
・糖尿病性神経障害による激痛

　3級の認定にかかわる「軽易な労働以外の労働に常に支障がある」かどうかは、以下のことから判断されます。
・疼痛発作の頻度、強さ、持続時間
・疼痛の原因
・業務（労働）の内容
・業務への支障の程度

（参考：障害認定基準）

書類の項目番号と項目　㉒ **予後**

「症状固定」の場合は記載が不可欠

　今後予想される状況です。わからない場合は「不明」「不詳」と記載されます。注意したいのは「初診日から6か月経過後の症状固定」で、通常よりも早期に請求手続きを希望する場合です。

　「症状固定で、これ以上の機能回復はほとんど望めない」といった主旨がここに記載されていれば、症状固定の状況がより鮮明に伝わり

ます。その状態に該当するかどうかを主治医に確認した上で記載していただきます。

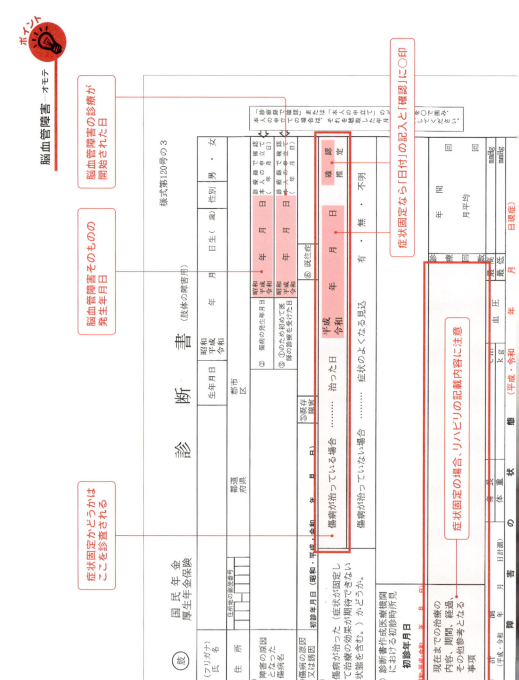

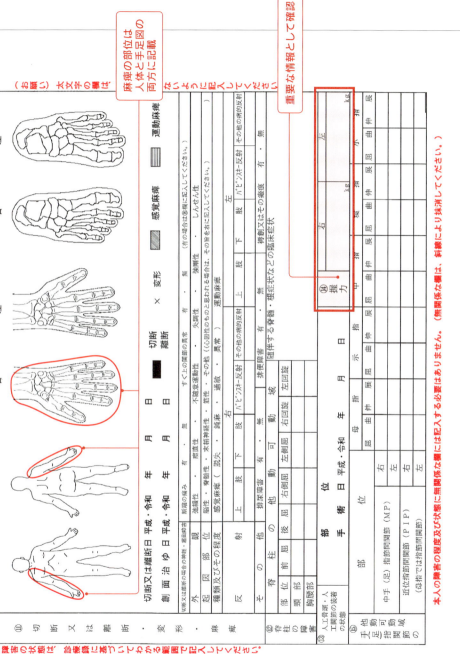

ポイント

脳血管障害 —ウラ

股関節記入時はどちらかに○が付いていないと返戻される

脳血管障害の場合、この欄が最も重視される

筋力の情報が重要

この状態で記載されているかを確認

補助用具を使用しない状態で判断してください。

股関節屈曲は補足的なことがらですが、1関節制限か2関節制限か

(お願い) 関節可動域は、参考可動域についても記入してください。

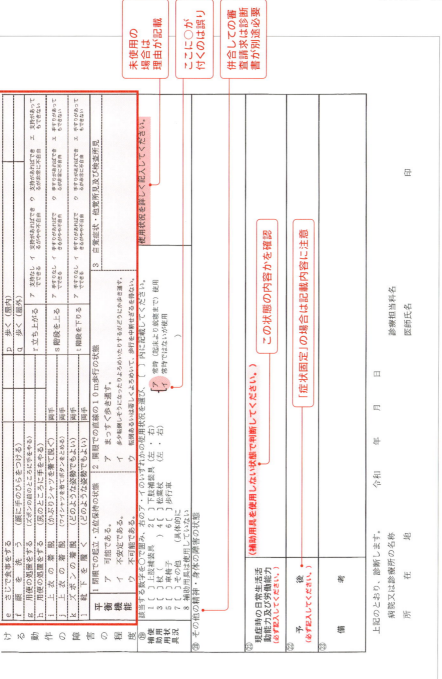

3 診断書(脳血管障害)—ウラ

資料

障害年金・認定記載事例（診断書）

- 統合失調症
- 知的障害
- 広汎性発達障害
- 脳梗塞
- 脳内出血

出典：
厚生労働省年金局事業管理課

＊第3章で取り上げた5つの傷病について、

障害年金の認定を受けた

診断書の記載事例を紹介します。

様式第120号の4

診　断　書 （精神の障害用）

本人の申立ての場合は、その申立ての年月日を記入してください。
「診療録で確認」または「本人の申立て」のどちらかを○で囲み、それを聴取した年月日を記入してください。

| 国民年金　厚生年金保険　船員保険 | | | 性別　男・（女） |

| （フリガナ） 氏名 | ○○○○ | | |
| 住所 | ○○○○ | | |

① 障害の原因となった傷病名
精　統合失調症
ICD-10コード（ F20 ）

| | | 生年月日 昭和 ○○ 年 11 月 12 日（生 56 歳） |
| 認定 都道府県 | | |

② 傷病の発生年月日　昭和 60 年 4 月 頃
③ ①のため初めて医師の診療を受けた日　昭和 60 年 4 月 30 日（診療録で確認・本人の申立て　年　月　日）
本人の発病時の苗業　会社員
④ 既存障害　なし
⑤ 既往症　なし

⑥ 傷病が治った（症状が固定した状態を含む。）かどうか。
症状のよくなる見込み…　有・無・（不明）

⑦ 障害者の氏名　　請求人との続柄

昭和60年4月頃から不眠が出現。関係妄想、幻聴が出現し、ガス栓をひねって自殺しようとしたりした。そのため、4月30日近医に受診、その後会社は休め、統合失調症の診断により治療が行われ、定期的に通院。抗精神病薬の使用や精神療法の結果、激しい幻覚・妄想状態は軽快したが、意欲・感情低下した陰性症状をもって現在まで通院中である。

発病から現在までの病歴及び治療の経過、内容、就学就労状況等、期間、その他参考となる事項

⑧ 診断書作成医療機関における初診時所見
不眠、幻聴があり、極めて心気的、被害妄想、注察妄想型関係妄想もあり、統合失調症と診断した。

初診年月日　平成 10 年 10 月 8 日
聴取年月日　平成 10 年 10 月 8 日

⑨
ア 発育・養育歴
発生に差はは発めず

イ 教育歴
乳児期
不就学　就学猶予
小学校　普通学級・特別支援学級・特別支援学校
中学校　普通学級・特別支援学級・特別支援学校
高・大　普通学級・特別支援学級・特別支援学校
その他

これまでの発育・養育歴等（出生時から発育の状況や教育歴及びこれまでの職歴等できるだけ詳しく記入してください。）

ウ 職歴
会社を転々とし、受診時は○○に勤めていたが、すぐ辞めた。
KKにいたが、発送

エ 治療歴（書ききれない場合は⑬「備考」欄に記入してください。）（※ 同一医療機関の入院・外来は分けて記入してください。）

医療機関名	病　名	入院・外来	治療期間	主な療法	転帰（軽快・悪化・不変）

資料　障害年金・認定記載事例（診断書）

● 統合失調症—オモテ

（お願い）太文字の欄は、記入漏れがないように記入してください。

病所見等は、診療録に基づいてわかる範囲で記入してください。

○○○○	○○○○	60年4月～63年3月	入院・外来	統合失調症	薬物療法、精神療法	悪化
○○○○	○○○○	63年4月～平元年2月	入院・外来	〃	〃	増悪
○○○○	○○○○	平元年3月～平10年9月	入院・外来	〃	〃	不変
○○○○	○○○○	平10年10月～現在	入院・外来	〃	〃	悪化
⑩		年　月～　年　月	入院・外来			

⑩ 障害の状態 （平成　14　年　4　月　24　日　現症　）

ア　現在の病状又は状態像（該当のローマ数字・英数字を○で囲んでください。）

イ　左記の状態について、その程度・症状・処方薬等を具体的に記載してください。

前回の診断書の記載内容との比較（前回の診断書を作成している場合は記入してください）
1 変化なし　　2 改善している　　3 悪化している

I 抑うつ状態
1 思考・運動制止　2 刺激性、興奮　3 憂うつ気分　4 希死念慮　5 自殺企図　6 その他（　　）

II そう状態
1 行為心迫　2 多弁・多動　3 多幸　4 思考奔逸　5 易怒性・被刺激性亢進　6 誇大性　7 その他（　　）

III 幻覚妄想状態
1 幻覚　2 妄想　3 思考形式の障害　4 その他（　　）
5 著しい奇異な行為

IV 精神運動興奮状態及び昏迷の状態
1 興奮　2 昏迷　3 拒絶・拒否　4 減裂思考　6 衝動行為　7 無動・無反応　8 その他（　　）

V 統合失調症等残遺状態
1 自閉　2 感情鈍麻　3 意欲の減退　4 その他（　　）

VI 意識障害・てんかん
1 意識混濁　2 （夜間）せん妄　3 もうろう　4 錯乱　5 てんかん発作　6 不随意運動　7 その他（　　）
※てんかん発作のタイプ（ A ・ B ・ C ・ D ） ※発作のタイプは記入上の注意参照
1 てんかん発作の頻度（年間　　回、月平均　　回、週平均　　回　程度）

VII 知能障害等
1 知的障害　ア 軽度　イ 中等度　ウ 重度　エ 最重度　2 認知症　ア その他症状等　エ その他（　　）
4 学習の困難　ア 読み　イ 書き　ウ 計算　エ その他（　　）
6 遂行機能障害　7 注意障害　7 その他（　　）

VIII 発達障害関連症状
1 知的機能の発達の障害　2 言語コミュニケーションの障害
3 限定した常同的で反復的な関心と行動　4 その他（　　）

IX 人格変化
1 欠陥状態　2 無関心　3 無為　4 その他症状等（　　）

X 1 乱用（薬物等名：　　）
1 乱用　2 依存　3 精神　（　　）

XI その他（　　）

イ（記入欄）
統合失調症が遷延化し、思考力が減じ、時として困惑状態となり日常生活にも家人の援助が必要となる。援助により服薬するも、心気的であり、意欲に乏しく、時に幻覚や途絶妄想、被害関係妄想、感情発露などの欠陥状態である。自閉、意欲減退、感情鈍麻などの欠陥状態である。

本人の障害の程度及び状態に無関係な間には記入する必要はありません。（無関係な個所は、斜線により抹消してください。）

統合失調症——ウラ　認定記載事例

3　日常生活能力の程度（該当する○の一つを○で囲んでください。）
※日常生活能力の程度を記載する際には、状態をもっとも適切に記載できる精神障害又は知的障害）のどちらかを使用してください。

（精神障害）
(1) 精神障害（病的体験・残遺症状・認知症・性格変化等）を認めるが、社会生活は普通にできる。

(2) 精神障害を認め、家庭内での日常生活は普通にできるが、社会生活には、援助が必要である。
（たとえば、身辺の清潔保持ができることはできるが、状況や手順が変化したりすると困難を生じることがある。社会的な自発的行動が適切に出来ないこともあり、金銭管理はおおむねできる場合など。）

(3) 精神障害を認め、家庭内での単純な日常生活はできるが、時に応じて援助が必要である。
（たとえば、習慣化した外出はできるが、家事をこなすために助言や指導を必要とする。社会的な対人交流は乏しく、自発的な行動に困難がある。金銭管理が困難な場合など。）

(4) 精神障害を認め、日常生活における身のまわりのことも、多くの援助が必要である。
（たとえば、著しく適正を欠く行動が見受けられ、自発的な発言がみられない。あっても発言内容が不適切であったり不明瞭であったりする。金銭管理ができない場合など。）

(5) 精神障害を認め、身のまわりのこともほとんどできないため、常時の援助が必要である。
（たとえば、家庭内生活においても、食事や身のまわりのことを自発的にすることができない。また、在宅の場合に通院に付き添いが必要な場合など。）

（知的障害）
(1) 知的障害を認めるが、社会生活は普通にできる。

(2) 知的障害を認め、家庭内での日常生活は普通にできるが、社会生活には、援助が必要である。
（たとえば、簡単な漢字は読み書き・簡単な計算ができる、会話も意思疎通が可能であるが、抽象的なことは難しい。身辺生活も一人でできる程度）

(3) 知的障害を認め、家庭内での単純な日常生活はできるが、時に応じて援助が必要である。
（たとえば、ごく簡単な読み書き・計算はできるが、助言などがなければ作業はできない。具体的な指示であれば理解ができ、身辺生活についてもおおむね一人でできる程度）

(4) 知的障害を認め、日常生活における身のまわりのことも、多く

ウ　日常生活状況
1　家族及び社会生活についての具体的な状況
（ア）現在の生活環境（該当するものの一つを○で囲んでください。）
入院・入所・その他（　　　　　　）
（施設名　　　　　　）
同居者の有無（有・無　　）

（イ）全般的状況（家族及び家族以外の者との対人関係についても具体的に記入してください。）
[支援状態であり、他人との交流は少ない。多くに家族による援助となること多く、実際保護の受益は主としてようやく可能である]

2　日常生活能力の判定（該当するものにチェックしてください。）
（判断にあたっては、単身で生活するとしたら可能かどうかで判断してください。）

(1) 適切な食事-配膳などの準備も含めて適当な量をバランスよく摂ることがほぼできるなど。
□できる
☑自発的にできるが時には助言や指導を必要とする
□自発的かつ適正に行うことはできないが助言や指導があればできる
□助言や指導をしてもできないもしくは行わない

(2) 身辺の清潔保持-洗面、洗髪、入浴等の身体の衛生保持や着替え等ができる。また、自室の清掃や片付けができるなど。
□できる
☑自発的にできるが時には助言や指導を必要とする
□自発的かつ適正に行うことはできないが助言や指導があればできる
□助言や指導をしてもできないもしくは行わない

(3) 金銭管理と買い物-金銭を独力で適切に管理し、やりくりがほぼできる。また、一人で買い物が可能であり、計画的な買い物がほぼできるなど。
□できる
□おおむねできるが時には助言や指導を必要とする
☑助言や指導があればできる
□助言や指導をしてもできないもしくは行わない

(4) 通院と服薬（要・不要）-規則的に通院や服薬を行い、病状等を主治医に伝えることができるなど。
□できる
□おおむねできるが時には助言や指導を必要とする
☑助言や指導があればできる
□助言や指導をしてもできないもしくは行わない

(5) 他人との意思伝達及び対人関係-他人の話を聞く、自分の意思を相手に伝える、集団的行動が行えるなど。
□できる
□おおむねできるが時には助言や指導を必要とする
☑助言や指導があればできる
□助言や指導をしてもできないもしくは行わない

(6) 身辺の安全保持及び危機対応-事故等の危険から身を守る能力がある、通常と異なる事態となったとき他人に援助を求めるなどを含めて、適切な対応ができるなど。

184

資料 障害年金・認定記載事例（診断書）

● 統合失調症 —ウラ

の援助が必要である。
（たとえば、前者は文字や数字は理解でき、保護的環境であれば単純作業可能である、習慣化していることであれば言葉での指示を理解し、身辺生活については部分的にできる程度）

（5）知的障害を認め、身のまわりのこともほとんどできないため、常時の援助が必要である。
（たとえば、文字や数字の理解力がほとんど無く、簡単な手伝いもできない、言葉による意思疎通がほとんど不可能であり、身辺生活の処理も一人ではできない程度）

オ 身体所見（神経学的な所見を含む）
　持にない

カ 臨床検査（心理テスト（知能テストの場合には、知能指数、精神年齢）を含む）
　施行せず

キ 福祉サービスの利用状況（障害者自立支援法に規定する自立訓練、共同生活援助、共同生活介護、在宅介護、その他障害福祉サービス等）
　利用していない

正に対応することができるなど。
□できる　□には助言や指導を必要とする　□には助言や指導を行わない

助言や指導をしても□にはできない

（ウ）社会性 銀行での金銭の出し入れや公共施設等の利用が一人で可能。また、社会生活に必要な手続きが行えるなど。
□できる　□には助言や指導を必要とする　おおむねできるが時には助言や指導が

おおむねできるが時□には助言や指導を必要とする　助言や指導をしても□にはできない

エ 現症時の就労状況
○勤務先（一般企業、作業所、就労支援施設などの名称種類及び障害者雇用、一般雇用、自営などの雇用形態について記載してください。）

○勤続年数（　年　ヶ月）　○仕事の頻度（週に・月に（　）日）
○ひと月の給与（　　　円程度）
○仕事の内容
○仕事場での援助の状況や意思疎通の状況

⑪ 現症時の日常生活活動能力及び労働能力
（必ず記入してください。）
　就労不能。又をはじめとした家人の援助がなければ日常生活は困難。

⑫ 予　後
（必ず記入してください。）
　不良

⑬ 備　考

上記のとおり、診断します。　平成 14 年 4 月 24 日

病院又は診療所の名称 ○○病院　　診療担当科名　精神科
所　在　地 ○○県○○市○○　　医師氏名 ○○○○　印
（精神保健指定医 ○○ 号 ）

（付記）
○ 本例は、発病が昭和60年4月頃、初診日が「昭和60年4月30日」で、障害認定日当時の障害の状態が国年令別表及び厚年令別表第1に該当しなかったが、その後障害の程度が悪化したため事後重症請求をしてきたものである。
この診断書の障害の状態は、平成14年4月24日現症のもので、裁定請求日（平成14年4月30日）以前3月以内の診断書であるので、裁定請求日現症の障害の状態はこれで確認できる。

○ 傷病は、「統合失調症」であるので、⑨、⑩、⑪欄は必ず記載されていなければならない。

■ 認定
障害の程度は、幻覚、妄想、自閉、感情鈍麻、意欲の減退などの欠陥状態にあり、日常生活では他人との交流はなく、日常生活能力の判定は、できるが自発的にできるが時には助言や指導を必要とする又は「助言や指導があればできる」ことであり、日常生活能力の程度は、「日常生活における身のまわりのことも、多くの援助が必要である状態である」ことから、「日常生活が著しい制限を受けるか、又は日常生活に著しい制限を加えることを必要とする程度のもの」の川に該当すると認められるので、2級16号と認定される。

資料　障害年金・認定記載事例〈診断書〉

● 統合失調症 ─付記　認定

様式第120号の4

「診療録で確認」または「本人の申立て」のどちらかを○で囲み、それを聴取した年月日を記入してください。本人の申立ての場合は、生年月日、本人の申立てと書かれた年月日を記入してください。

診 断 書 （精神の障害用）

（フリガナ）氏名		
住所		

生年月日　昭和 57 年 4 月 5 日生（26歳）　性別　男・女

① 障害の原因となった傷病名　知的障害
ICD-10コード（ F71 ）

② 傷病の発生年月日　昭和 57 年 7 月頃　　（診療録で確認・本人の申立て　年 月 日）　本人の発病時の職業　なし

③ ②のため初めて医師の診療を受けた日　昭和 57 年 7 月頃　（診療録で確認・本人の申立て　年 月 日）　④既存障害　なし　⑤既往症　なし

⑥ 傷病が治った（症状が固定した状態を含む。）かどうか　症状のよくなる見込……　有・無・不明

⑦ 障害者の氏名　　　　　　請求人との続柄

出生時は異常がなかったが、生後5ヶ月頃、首がすわらず、その後、精神運動の発達が遅れ、また、3歳頃まで入院した。その中、発語は4歳頃で、5歳頃からひとりで気が向けば操作業をする。

⑦ 発病から現在までの病歴及び治療の経過、内容、就学・就労状況等、期間、その他参考となる事項

表情は乏しく、ぼんやりしている。発育は最日続き、○○や小児科に入院する。1桁のか減算はできるが、2桁の見当はできない。首がすわり始めて2〜3度のひっかけがあった。後に歩行し、地元の養護学校に通学し、卒業後、各々の見わけはできるが分からない。

⑧ 診断書作成医療機関における初診時所見
初診年月日　昭和 12 年 9 月 25 日

⑨ ア 発育・養育歴
主後5ヶ月でくびがすわり

これまでの発育・養育等
（出生から発育の状況や教育歴及びこれまでの職歴等をできるだけ詳しく記入してください。）

イ 教育歴
乳児期：　就学前
小学校：　普通学級・特殊学級・特別支援学級
中学校：　普通学級・特殊学級・特別支援学級
高校：　　普通学級・特殊学級
その他

ウ 職歴　なし

エ 治療歴（書き込まれない場合は⑬「備考」欄に記入してください。）（※ 同一医療機関の入院・外来は分けて記入してください。）

医療機関名	治療期間	入院・外来	主な療法	転帰（軽快・悪化・不変）

（お願い）

資料 障害年金・認定記載事例（診断書）

● 知的障害 ― オモテ

（お願い）太文字の欄は、記入漏れがないように記入してください。

診療科	期間	入院・外来	主要症状及び経過	転帰
○○小児科病院	昭57年12月～58年2月	入院・外来		
△△小児科病院	昭58年3月～平12年8月	入院・外来		
○○病院	平12年9月～現在 年 月	入院・外来		
	年～ 年 月	入院・外来		
	年～ 年 月	入院・外来		

傷病名　知的障害　　お名前等　知的障害

所見等は、診療録に基づいている範囲で記入してください。

⑩ 現在の病状又は状態像（該当のローマ数字・英数字を○で囲んでください。）

状態　（平成 14 年 4 月 24 日 現症 ）

前回の診断書の記載時との比較（前回の診断書を作成している場合は○を選んでください。）
1 変化なし　2 改善している　3 悪化している　4 不明

I そううつ状態
1 抑うつ状態　2 刺激性・興奮　3 憂うつ気分
4 思考抑制　5 自殺企図　6 その他（　）

II そう状態
1 行為心迫　2 多弁・多動　3 誇大性　4 思考奔逸
5 易怒性・被刺激性亢進　7 その他（　）

III 幻覚妄想状態 等
1 幻覚　2 妄想　3 させられ体験　4 思考形式の障害
5 著しい奇異な行為　6 その他（　）

IV 精神運動興奮状態及び昏迷の状態
1 興奮　2 昏迷　3 拒絶・拒否　4 滅裂思考
5 衝動行為　6 自傷　7 無動・無反応
8 その他（　）

V 統合失調症等残遺状態
1 自閉　2 感情純麻　3 意欲の減退
4 その他（　）

VI 意識障害・てんかん
1（周期）せん妄　2 もうろう　4 錯乱
3 てんかん発作　7 その他（　）
5 てんかん発作のタイプ（ A・B・C・D ）
※てんかん発作の状態
1 てんかん発作のタイプ（ A・B・C・D ）
2 てんかん発作の頻度（年間　回平均　回、月平均　回、週平均　回 程度）

VII 知能障害等
① 知的障害　ア 軽度　イ 中等度　ウ 重度　エ 最重度
2 認知症　3 その他の症状等（　）
4 学習の困難　ア 読み　イ 書き　ウ 計算　エ その他（　）
6 遂行機能障害　7 注意障害　7 その他（　）

VIII 発達障害関連症状
1 相互的社会関係の質的障害　2 言語コミュニケーションの障害
3 限定した常同的で反復的な関心と行動　4 その他（　）

IX 人格変化
1 欠陥状態　2 偏執状態　3 無為　その他（　）

X 乱用、依存等（薬物等名　）
1 乱用　2 改善　3 離脱

XI その他〔　〕

イ 左記の状態について、その程度・症状・処方薬等を具体的に記載してください。

・簡単な会話はできるが複雑になるとできない。
・1桁の加減算はできるが、2桁はできない。
・左右の見わけはできるが、方向はわからない。
・ときに興奮して物をこわすことがある。

本人の障害の程度及び状態に無関係な欄又は無関係な数字には記入する必要はありません。（無関係な欄は、斜線により抹消してください。）

知的障害 — ウラ ／ 認定記載事例

3　日常生活能力の程度（該当するものの一つを○で囲んでください。）
※日常生活能力の程度を記載する際には、状態をもっとも適切に記載できる（精神障害）又は（知的障害）のどちらかを使用してください。

（精神障害）

(1) 精神障害（病的体験・残遺症状・認知症・性格変化等）を認めるが、社会生活は普通にできる。

(2) 精神障害を認め、家庭内での日常生活は普通にできるが、社会生活には、援助が必要である。
（たとえば、日常的な家事をこなすことはできるが、状況や手順が変化したりすると困難を生じることがある。社会的な対人行動や目的的な行動が適切に出来ないことがあり、金銭管理はおおむねできる場合など。）

(3) 精神障害を認め、家庭内での単純な日常生活はできるが、時に応じて援助が必要である。
（たとえば、習慣化した外出はできるが、家事をこなすために助言や指導を必要とする。社会的な対人交流は乏しく、自発的な行動に困難がある。金銭管理が困難な場合など。）

(4) 精神障害を認め、日常生活における身のまわりのことも、多くの援助が必要である。
（たとえば、著しく適正を欠く行為が見受けられる。自発的な発言が少ない、あっても発言内容が不適切であったり不明瞭であったりする。金銭管理ができない場合など。）

(5) 精神障害を認め、身のまわりのこともほとんどできないため、常時の援助が必要である。
（たとえば、家庭内生活においても、食事や身のまわりのことを自発的にすることができないない。また、在宅の場合に通院等の外出には、付き添いが必要な場合など。）

（知的障害）

(1) 知的障害を認めるが、社会生活は普通にできる。

(2) 知的障害を認め、家庭内での日常生活は普通にできるが、社会生活には、援助が必要である。
（たとえば、簡単な読み書きや計算はでき、会話も意思の疎通が可能であるが、抽象的なことは難しい、身辺生活は一人でできる程度）

(3) 知的障害を認め、家庭内での単純な日常生活はできるが、時に応じて援助が必要である。
（たとえば、ごく簡単な読み書きや計算はでき、助言などがあれば作業は可能である。具体的指示であれば理解ができ、身辺生活についてもおおむね一人でできる程度）

(4) 知的障害を認め、日常生活における身のまわりのことも、多く...

ウ　日常生活状況

1　家庭及び社会生活についての具体的な状況

（ア）現在の生活環境（該当するものの一つを○で囲んでください。）
入院・入所（施設名（　　　　　　）・**在宅**・その他（　　　）　）
同居者の有無（**有**・無　　）

2　日常生活能力の判定（該当するものにチェックしてください。）
（判断にあたっては、単身で生活するとしたら可能かどうかで判断してください。）

(1) 適切な食事—配膳などの準備も含め適当量をバランスよく摂ることがほぼできるなど。

□できる　☑自発的にできるが時には助言や指導を必要とする　□助言や指導があればできる　□助言や指導をしてもできないもしくは行わない

(2)身辺の清潔保持—洗面、洗髪、入浴等の身体の衛生保持や着替えができる。また、自室の清掃や片付けができるなど。

□できる　☑自発的にできるが時には助言や指導を必要とする　□助言や指導があればできる　□助言や指導をしてもできないもしくは行わない

(3)金銭管理と買い物—金銭を自ら適切に管理し、やりくりがほぼできる。また、一人で買い物が可能であり、計画的な買い物がほぼできるなど。

□できる　□おおむねできるが時には助言や指導を必要とする　☑助言や指導があればできる　□助言や指導をしてもできないもしくは行わない

(4)通院と服薬—規則的に通院や服薬を行い、病状等を主治医に伝えることができるなど。

□できる　□おおむねできるが時には助言や指導を必要とする　☑助言や指導があればできる　□助言や指導をしてもできないもしくは行わない

(5)他人との意思伝達及び対人関係—他人の話を聞く、自分の意思を相手に伝える、集団的行動が行えるなど。

□できる　□おおむねできるが時には助言や指導を必要とする　☑助言や指導があればできる　□助言や指導をしてもできないもしくは行わない

(6)身辺の安全保持及び危機対応—事故等の危険から身を守る能力がある、通常と異なる事態となったときに他人に援助を求めるなどを含め、適...

資料　障害年金・認定記載事例（診断書）

● 知的障害 —ウラ

正に対応することができるなど。
□できる　□おおむねできる（時に助言や指導を要する　☑助言や指導があればできる　□助言や指導をしてもできない若しくは行わない

（カ）金銭・預貯金での金銭の出し入れや公共施設等の利用が一人で可能、また、社会生活に必要な手続きが行えるなど。
□できる　□おおむねできる（時に助言や指導を要する　☑助言や指導があればできる　□助言や指導をしてもできない若しくは行わない

の援助が必要である。
（たとえば、簡単な文字や数字は理解でき、保護的環境であれば単純作業は可能であるが、習慣化していることであればこれを理解し、身辺生活についても部分的にできる程度）

（5）知的障害を認め、身のまわりのこともほとんどできないため、常時の援助が必要である。
（たとえば、文字や数の理解力がほとんど無く、簡単な手伝いもできない、言葉による意思の疎通が困難でほとんど不可能であるような、身辺生活の処理も一人ではできない程度）

オ　身体所見（神経学的な所見を含む）
気分不明瞭

カ　臨床検査（心理テスト（知能テストの場合には、知能指数、精神年齢）を含む。）
☑中・ビネー式検査　IＱ40

キ　福祉サービスの利用状況（障害者自立支援法に規定する自立訓練、共同生活援助、共同生活介護、在宅介護、その他障害福祉サービス等）
利用していない。

エ　現症時の就労状況
○勤務先（一般企業、作業所、就労支援施設などの名称種類及び各種雇用、一般雇用、自営などの雇用形態について記載してください。）
○勤続年数（　年　ヶ月）　○仕事の頻度（週に・月に（　）日）
○ひと月の給与（　円程度）
○仕事の内容
○仕事場での援助の状況や意思疎通の状況

⑪ 現症時の日常生活活動能力及び労働能力
（必ず記入してください。）
労働能力はなく、日常生活全般の援助が必要

⑫ 予後
（必ず記入してください。）
改善は見込めない

⑬ 備考

上記のとおり、診断します。　平成 14 年 4 月 24 日

病院又は診療所の名称　○○病院　　診療担当科名　精神科
所　在　地　○○県○○市○○　　医師氏名　○○○○　　印
（精神保健指定医　○○　号）

知的障害 —付記 認定

認定記載事例

（付記）

○ 本例は、初診日が「昭和57年7月頃」であるので、障害認定日は「1年6月後の昭和59年1月頃となるが、まだ20歳前であるので、20歳に達する日（平成14年4月4日）の障害の程度が国年令別表に該当するか否かの認定を行うこととなる。この診断書の状態は、平成14年4月24日現症のもので、20歳到達日以降3月以内の診断書であるので、20歳到達日の障害の状態はこれで確認できる。

○ 傷病は、「知的障害」であるので、⑨、⑩、⑪欄は必ず記載されていなければならない。

■認定

障害の程度は、簡単な会話はできるが複雑になるとできず、知能指数は田中・ビネー式検査でIQ40で1桁の加減算はできるが、2桁はできない。
また、発語不明瞭、方角がわからない等、日常生活において母親の援助を必要とし、日常生活能力の程度は「日常生活における身のまわりのことも、多くの援助が必要である」となっており、精神能力の全般的発達に遅滞があり、日常生活における身辺の処理にも家族の援助を要していることから、「日常生活が著しい制限を受けるか、又は日常生活に著しい制限を加えることを必要とする程度のもの」に該当するものので、2級16号と認定される。

資料　障害年金・認定記載事例〈診断書〉

● 知的障害──付記 認定

広汎性発達障害—オモテ
認定記載事例

様式第120号の4

> 「診療録で確認」または「本人の申立て」のどちらかを○で囲み、本人の申立ての場合は、それを聴取した年月日を記入してください。

診断書 （精神の障害用）

| 国民年金 |
| 厚生年金保険 |
| 船員保険 |

| ○ | ○ | ○ | ○ | ○ | ○ | ○ |

住民票の都道府県番号 ○○○－○○○○

（フリガナ）氏名		
住所		

① 障害の原因となった傷病名　広汎性発達障害
ICD-10コード（F84）

⑥ 傷病が治った（症状が固定した状態を含む）かどうか。　昭和・平成　年　月　日　確認・推定

② 傷病の発生年月日　昭和・平成　60年　5月　9日　（診療録で確認・本人の申立て（　年　月　日））

③ ①のため初めて医師の診療を受けた日　昭和・平成　19年　9月　30日　（診療録で確認・本人の申立て（　年　月　日））

生年月日　昭和60年　5月　9日生（26歳）　**性別**　男・女

請求人との続柄 ○○○

症状のよくなる見込 …… 有・無・不明

本人の発病時の職業 なし
④ 既存障害 なし
⑤ 既往症 なし

⑦ 発病から現在までの病歴及び治療の経過、内容、就学・就労状況等、期間、その他参考となる事項

幼児期に言語の遅れを感じていたが小学校に入学する頃には問題はなかった。学力的な遅れはなかったが他人とのコミュニケーションがうまくとれず孤立していた。中学になると仲間に入れてもらいづらい感じ（いじめ）があられていった。高校では、大学では、ほどなどの支援を入れてもらいたが、職場に就職したが3ヶ月で退社。家族とのいさかいから頭痛や倦怠感を訴え仕事を休むようになり退社。現在は部屋に引きこもりがちになったため母親の勧めで当院を受診した。

⑧ 診断書作成医療機関における初診時所見
初診年月日　昭和　19年　9月　30日

抑うつ状態で意欲減退や自信喪失がみられる。落ち着きなく多弁で情緒不安定。対人関係（コミュニケーション能力）に著しい障害がみられる。他人の気持ちを適切に理解できない。

⑨ これまでの発育・養育歴等（出生から発育の状況や病歴及びこれまでの職歴をできるだけ詳しく記入してください。）

ア 発育・養育歴　平成19年9月30日より入る

イ 教育歴
- 乳児期
- 幼児期
- 小学校　普通学級・特別支援学級・特別支援学校
- 中学校　普通学級・特別支援学級・特別支援学校
- 高校　普通学級・特別支援学級・特別支援学校
- その他　○○大学　大学卒

ウ 職歴　平成19年4月に就職、同年6月退社

病名 ○○

工 治療歴（書ききれない場合は⑬「備考」欄に記入してください。）（※ 同一医療機関の入院・外来は分けて記入してください。）

医療機関名	治療期間	入院・外来	主な療法	転帰（軽快・悪化・不変）

資料　障害年金・認定記載事例（診断書）

●広汎性発達障害—オモテ

（お願い）大文字の欄は、記入漏れがないように記入してください。

氏名			
所見			

○○総合病院	19年9月～	年　月～	入院・外来	薬物療法	不変
	年　月～		入院・外来		
	年　月～		入院・外来		
	年　月～		入院・外来		
広汎性発達障害		（平成 22 年 4 月 3 日 現症 ）			

診療録等に基づいてわかる範囲で記入してください。

⑩ 障害の状態

ア　現在の病状又は状態像（該当のローマ数字、英数字を○で囲んでください。）

前回の診断書の記載時との比較（前回の診断書を作成している場合は記入して下さい。）
1 変化なし　2 改善している　3 悪化している　4 不明

I　抑うつ状態
1 抑うつ気分　2 刺激性、興奮　3 憂うつ気分　4 思考抑制
5 その他（　　　）

II　躁状態
1 行為心迫　2 多弁・多動　3 誇大性　4 感情昂揚・刺激性
6 その他（　　　）

III　幻覚妄想状態等
1 幻覚　2 妄想　3 させられ体験　4 思考形式の障害
5 奇妙な異常な行為　6 その他（　　　）

IV　精神運動興奮状態及び昏迷の状態
1 興奮　2 昏迷　3 拒絶・拒否　4 滅裂思考
7 無動・無反応　8 その他（　　　）

V　統合失調症等残遺状態
1 自閉　2 感情純麻　3 意欲の減退　4 その他（　　　）

VI　意識障害・てんかん
1 意識混濁　2 もうろう　3 （夜間）せん妄　4 錯乱
5 てんかん発作　6 不随意運動　7 その他（　　　）
※てんかん発作のタイプは記入上の注意参照
1 てんかん発作のタイプ（A．B．C．D．）
2 てんかん発作の頻度（年間）　回／月平均　回／週平均　回　程度

VII　知能障害等
1 知的障害　ア 軽度　イ 中等度　ウ 重度　エ 最重度
2 認知症　ア 軽度　イ 中等度　ウ 重度　エ 最重度
3 その他症状等
4 学習の困難　ア 読み　イ 書き　ウ 計算　エ その他
5 遂行機能障害　6 注意障害　7 その他（　　　）

VIII　発達障害関連症状
1 限定した常同的な反復的な興味の障害　2 言語コミュニケーションの障害　3 　　　　　4 その他（　　　）

IX　人格変化
1 人格変化　2 無関心　3 無為
4 その他症状等（　　　）

X　薬物・アルコール依存
1 乱用　依存等（薬物名等：　　　）
1 乱用状態　2 依存　3 離脱

XI　その他〔　　　　　　　　　　　　　　　〕

本人の障害の程度及び状態に無関係な欄には記入する必要はありません。（無関係な欄は、斜線により抹消してください。）

イ　左記の状態について、その程度・症状・処方等を具体的に記載してください。

他人の感情が理解できないため、言葉通りに理解してしまう。また、他人の発言内容を適切に理解できないため、適切な応答ができない。そのため、社会適応が困難となり、結果、抑うつ気分、情緒不安定、自閉気味から内向的な生活が目立つ。こだわりや思い込みが強く、周囲から孤立されやすい。いつ状態により、抑うつ状態は改善するが、言動は理解しにくいため孤立されやすい。薬物治療にても持続されている。親密な人間関係の改善で長続きをしない。

広汎性発達障害 —ウラ

認定記載事例

ウ 日常生活状況

1 家庭及び社会生活についての具体的状況

(ア) 現在の生活環境（該当するものを一つ○で囲んでください。）

　入院・入所（施設名　　　　）・㊦・その他（　　　）

　同居者の有無（㊒・無）

(イ) 全般的状況（家族及び家庭以外の者との対人関係についても具体的に記入してください。）

　[家族以外との対人関係はきらわれる。]

2 日常生活能力の判定（該当するものにチェックしてください。）
（判断にあたっては、単身で生活すると仮定した可能かどうかで判断してください。）

(1)適切な食事─配膳などの準備も含め適当量をバランスよく摂ることがほぼできることについて。
□できる　☑自発的にできるが時々助言や指導を必要とする　□助言や指導があればできる　□自発的かつ適正に行うことはできないもしくは行わない

(2)身辺の清潔保持─洗面、洗髪、入浴等の身体の衛生保持や着替え等ができる。また、自室の清掃や片付けができる。
□できる　☑自発的かつ適正に行うことはできないが助言や指導を行えばできる　□助言や指導があればできる　□助言や指導をしてもできないもしくは行わない

(3)金銭管理と買い物─金銭を独力で適切に管理し、やりくりがほぼできる。また、一人で買い物が可能であり、計画的な買い物がほぼできる。
□できる　☑おおむねできるが時々助言や指導を必要とする　□助言や指導があればできる　□助言や指導をしてもできないもしくは行わない

(4)通院と服薬（要・不要）─規則的に通院や服薬を行い、病状等を主治医に伝えることができるなど。
□できる　☑おおむねできるが時々助言や指導を必要とする　□助言や指導があればできる　□助言や指導をしてもできないもしくは行わない

(5)他人との意思伝達及び対人関係─他人の話を聞く、自分の意思を相手に伝える、集団的行動が行えるなど。
□できる　☑おおむねできるが時々助言や指導を必要とする　□助言や指導があればできる　□助言や指導をしてもできないもしくは行わない

(6)身辺の安全保持及び危機対応─事故等の危険から身を守る能力がある、通常と異なる事態となった時に他人に助けを求めるなどを含め、適...

---

3 日常生活能力の程度（該当するものを一つ○で囲んでください。）
※日常生活能力の程度を記載する際には、状態をもっとも適切に記載できる（精神障害）又は（知的障害）のどちらかを使用してください。

(精神障害)

(1) 精神障害（病的体験・残遺症状・認知症・性格変化等）を認めるが、社会生活は普通にできる。

(2) 精神障害を認め、家庭内での日常生活は普通にできるが、社会生活には、援助が必要である。
（たとえば、日常的な家事をこなすことはできるが、状況や手順が変化したりすると困難を生じることがある。社会行動や自発的な行動が適切に出来ないこともあり、金銭管理はおおむねできる場合など。）

(3)○ 精神障害を認め、家庭内での単純な日常生活はできるが、時に応じて援助が必要である。
（たとえば、習慣化した外出はできるが、家事をこなすために助言や指導を必要とする。社会的な対人交流は乏しく、自発的な行動が困難である。金銭管理が困難な場合など。）

(4) 精神障害を認め、日常生活における身のまわりのことも、多くの援助が必要である。
（たとえば、著しく適正を欠く行動が見受けられる。自発的な発言が少ないか、あっても発言内容が不適切であったり不明瞭であったりする。金銭管理ができない場合など。）

(5) 精神障害を認め、身のまわりのこともほとんどできないため、常時の援助が必要である。
（たとえば、家庭内生活においても、食事や身のまわりのことを自発的にすることができない。また、在宅の場合に通院等の外出には、付き添いが必要な場合など。）

(知的障害)

(1) 知的障害を認めるが、社会生活は普通にできる。

(2) 知的障害を認め、家庭内での日常生活は普通にできるが、社会生活には、援助が必要である。
（たとえば、簡単な漢字は読み書きができ、会話も意思の疎通が可能であるが、抽象的には理解し、身近な生活は一人でできる程度）

(3) 知的障害を認め、家庭内での単純な日常生活はできるが、時に応じて援助が必要である。
（たとえば、ごく簡単な読み書きや計算はできるが、助言などがあれば作業は可能で、具体的指示があれば理解ができる。身辺生活についてもおおむね一人でできる程度）

(4) 知的障害を認め、日常生活における身のまわりのことも、多く...

資料 障害年金・認定記載事例（診断書）

●広汎性発達障害―ウラ

正に対応することができるなど。
□できる　☑おおむねできるが時には助言や指導を必要とする　□には助言や指導をすれば　□できる
□助言や指導をしても　□できないもしくは行わない

（ツ）社会性－銀行での金銭の出し入れや公共施設等の利用が一人で可能。また、社会生活に必要な手続きが行えるなど。
□できる　☑おおむねできるが時には助言や指導を必要とする　□には助言や指導をすれば　□できる
□助言や指導をしても　□できないもしくは行わない

の援助が必要である。
（たとえば、簡単な文字や数字を理解でき、保護的環境であれば単純作業は可能であるが、習慣化していることであっても言葉での指示を理解し、身辺生活についても部分的にできる程度）

（5）知的障害を認め、身のまわりのこともほとんどできないため、常時の援助が必要である。
（たとえば、文字や数の理解力がほとんどなく、簡単な手伝いでもできない。言葉による意思の疎通がほとんど不可能であり、身辺生活の処理も一人ではできない程度）

エ　現症時の就労状況
○勤務先（一般企業、作業所、就労支援施設などの名称種類及び障害者雇用、一般雇用、自営などの雇用形態について記載してください。）
○勤続年数（　　年　　ヶ月）
○ひと月の給与（　　　　円程度）
○仕事の内容　　○仕事の頻度（週に・月に（　　）日）
○仕事場での援助の状況や意思疎通の状況

オ　身体所見（神経学的な所見を含む）
特になし

カ　臨床検査（心理テスト（知能テスト）の場合には、知能指数、精神年齢）を含む。）
実施せず

キ　福祉サービスの利用状況（障害者自立支援法に規定する自立訓練、共同生活援助、共同生活介護、在宅介護、その他障害福祉サービス等）
利用できていない

① 現症時の日常生活能力及び労働能力（必ず記入してください。）
作業所レベルでの就労は可能と思われるが長続きは難しい。一般就労は難しい。

② 予後（必ず記入してください。）
投薬を継続しても、適正な職場が得られなければ、過応不良状態は続くであろう。

③ 備考

上記のとおり、診断します。　　平成 23 年 9 月 1 日　　診療担当科名　精神科
病院又は診療所の名称　○○総合病院
所在地　○○県○○市○○　　医師氏名　○○○○　　印
（精神保健指定　○○○ 号）

広汎性発達障害—付記

認定記載事例　認定

（付記）

○　本例は、平成19年4月頃から発達障害に起因する不適応のため抑うつ状態が顕著に現れ、同年9月30日に医療機関を受診したものであるため、初診日は20歳以後で受診した平成19年9月30日とした。この診断書の障害の状態は、平成22年4月3日現症であり、障害認定日の障害の状態が確認できる。

○　傷病は、「広汎性発達障害」であるので、⑦、⑧欄でこれまでの病歴等を確認する。⑨欄の教育歴等から知的障害を伴う可能性があるが、⑩欄から病態を確認する。

■認定

　障害の程度は、発達障害特有の社会関係の障害から憂うつ気分、希死念慮などが生じている。また、こだわりや思い込みが強く、限定的な行動が見受けられる。
　日常生活では、他人との交流はほとんどなく、日常生活能力の判定は、ほぼ「助言や指導があればできる」また、「助言や指導をしてもできない若しくは行わない」であり、日常生活能力の程度は、「家庭内での単純な日常生活はできるが、時に応じて援助が必要である。」状態であることから、「日常生活が著しい制限を受けるか、又は日常生活に著しい制限を加えることを必要とする程度のもの」に該当すると認められるので、2級16号と認定される。

資料　障害年金・認定記載事例（診断書）

● 広汎性発達障害──付記　認定

脳梗塞—オモテ

認定記載事例

様式第120号の3

診　断　書 （肢体の障害用）

> 「診療録で確認」または「本人の申立て」のどちらかを○で囲んでください。
> 本人の申立てで確認した場合は、「本人の申立て」のその月日を記入してください。

⑧		
（フリガナ）氏名	○○○○	性別　男・女
住所	○○○○　○区○○	生年月日　昭和・平成 19 年 5 月 18 日生（57歳）
住所地の郵便番号	○○○-○○○○	

① 障害の原因となった傷病名：脳梗塞

② 傷病の発生年月日：昭和・平成 12 年 10 月 13 日 （診療録で確認・本人の申立て）

③ ①のため初めて医師の診療を受けた日：昭和・平成 12 年 10 月 13 日 （診療録で確認・本人の申立て）

④ 傷病の原因又は誘因

⑤ 既存障害：なし

⑥ 既往症：なし

初診年月日　昭和・平成　年　月　日

⑦ 傷病が治った（症状が固定して治療の効果が期待できない状態を含む。）かどうか。
　傷病が治っている場合　………　治った日　平成 14 年 4 月 25 日
　傷病が治っていない場合　………　症状のよくなる見込　有・無・不明

⑧ 診断書作成医療機関における初診時所見
　初診年月日（昭和・平成 12 年 10 月 13 日）
　左片麻痺、大手不自由、歩行障害、会話障害あり

⑨ 現在までの治療の内容、期間、経過、その他参考となる事項
　入院安静の上、抗凝固療法を行い、リハビリテーションを施行している。

⑩ 障害の状態　（平成 14 年 4 月 25 日現症）

計測		身長	cm	血圧	最大	mmHg
		体重	kg		最小	mmHg

診療回数　年間　回　　月平均　回

部位	肩関節	肘関節	上腕	前腕	胸	リスフラン関節	ショパール関節	足関節	膝関節	大腿	下腿	股関節
右												

> ［手（足）関節、手（足）指の切・離断の場合は、レントゲンフィルム像を図示してください。］

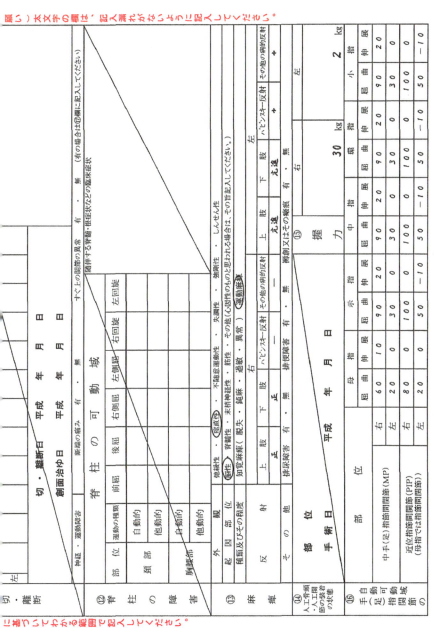

脳梗塞—ウラ　認定記載事例

（お願い）関節可動域は、健側についても記入してください。

関節強直は、関節が何〔角度〕か、1〔強直肢位〕、2〔良肢位〕かで示す

該当する記号を下欄に記入してください。
一人でできる場合には…………………………「○」
一人でできてもやや不自由な場合には…………「△○」
一人でできるが非常に不自由な場合には………「△×」
一人で全くできない場合には……………………「×」

⑰ 関節可動域及び運動力 （平成 14 年 4 月 25 日現在）

部位	関節	運動の種類	右 自動可動域(角度)	右 他動可動域	右 強直肢位	右 正常	右 やや減	右 半減	右 消失	左 自動可動域(角度)	左 他動可動域	左 強直肢位	左 正常	左 やや減	左 半減	左 消失
肩	関節	屈曲	160	180		○				60	120					○
		伸展	50	50		○				20	40					○
		内転	0	0		○				0	0					○
		外転	160	180		○				60	120					○
肘	関節	屈曲	140	145		○				30	100					○
		伸展	5	5		○				−10	−10					○
手	関節	背屈	70	70		○				20	50				○	
		掌屈	80	85		○				20	50				○	
股	関節	屈曲	80	90		○				70	90			○		
		伸展	15	15		○				0	10			○		
		内転	20	20		○				20	20			○		
		外転	35	40		○				30	35			○		
膝	関節	屈曲	130	130		○				100	130			○		
		伸展	0	0		○				−20	−20			○		
足	関節	背屈	20	20		○				−10	15			○		
		底屈	40	45		○				40	40		○			

⑱ 四肢長及び四肢囲

	上肢長	上腕囲	前腕囲	下腿囲	大腿囲	下肢長
右	cm	cm	cm	cm	cm	cm
左	cm	cm	cm	cm	cm	cm

補助用具を使用しない状態で判断してください。

⑲ 日常生活動作

日常生活動作	右	左
a つまむ（新聞紙が引き抜けない程度）	○	△×
b 握る（丸めた週刊誌が引き抜けない程度）	○	×
c タオルを絞る（水を切れる程度）	両手 ×	
d ひもを結ぶ	両手 ×	
e さじで食事をする	○	×

日常生活動作	右	左
m 片足で立つ	○	△×
n 座る（正座・横すわり・あぐら・脚なげだし）		
o 深くおじぎ（最敬礼）をする（このような姿勢を持続する）		
p 歩く（屋内）	△×	△×

資料 障害年金・認定記載事例（診断書）　●脳梗塞—ウラ

作・障害の程度				○	×	×
f	顔を洗う（顔に手のひらをつける）			○	×	×
g	用便の処置をする（ズボンの前のところに手をやる）			○	×	×
h	用便の処置をする（尻のところに手をやる）			○	×	×
i	上衣の着脱（かぶりシャツを着て脱ぐ）	両手		△	△	×
j	上衣の着脱（ワイシャツを着てボタンをとめる）	両手		△	△	×
k	ズボンの着脱（どのような姿勢でもよい）	両手		△	△	×
l	靴下を履く（どのような姿勢でもよい）	両手		△	△	×

		ア 支持なしでできる	イ 支持があればできる	ウ 手すりがあってもできない	エ 支持があってもできるが非常に不自由である
q	歩く（屋外）				
r	立ち上がる	ア 支持なしでできる	イ 支持があればできる	ウ 手すりがあってもできない	エ 支持があってもできるが非常に不自由である
s	階段を登る	ア 手すりなしでできる	イ 手すりがあればできる	ウ 手すりがあってもできない	エ 手すりがあってもできるが非常に不自由である
t	階段を降りる	ア 手すりなしでできる	イ 手すりがあればできる	ウ 手すりがあってもできない	エ 手すりがあってもできるが非常に不自由である

平衡機能

1　開眼で直立・立位保持可能の状態
ア　可能である。
イ　不安定である。
ウ　不可能である。

2　開眼での直線の10m歩行の状態
ア　まっすぐ歩き通す。
イ　多少転倒しそうになったりよろめいたりするがどうにか歩き通す。
ウ　転倒あるいは著しくよろめいて、歩行を中断せざるを得ない。

⑳補使助用用状具況

① 杖（　　　）　② 下肢補装具
4 松葉杖
5 車椅子　6 歩行車
7 その他（具体的に　　　）

左記の使用状況について、くわしく記入してください。

ア 常時（屋床より玄関まで）使用
イ ときどき使用
ウ 使用せず

㉑その他の精神・身体の障害の状態

なし

言語障害がある場合は該当するものを1つ○で囲んでください。

音声・言語障害
1　日常会話が遠い聞いても理解できる。
②　電話による会話や実験は理解できるが、他人は理解できない。
3　日常会話は家族は理解できるが、他人は理解できない。
4　日常会話が遠い聞いても理解できない。

3　自覚症状・他覚所見及び検査所見

㉒現症時の日常生活活動能力及び労働能力（必ず記入してください。）

労働能力著しく低下

㉓予後（必ず記入してください。）

不変

㉔備考

上記のとおり、診断します。

平成 14 年 4 月 25 日

病院又は診療所の名称　○○病院
所在地　○○市○○町○○
診療担当科名　整形外科
医師氏名　○○○○　㊞

（付 記）

○ 本例は、初診日が「平成12年10月13日」であるので、障害認定日は1年6月後の平成14年4月13日となる。この診断書の障害の状態は、平成14年4月25日現症のもので、障害認定日以降3月以内の診断書であるので、障害認定日の障害の状態はこれで確認できる。

○ 傷病は、「脳梗塞」であるので、⑬、⑮、⑯、⑰、⑲、⑳、㉑、㉒、㉓欄は必ず記載されていなければならない。

■認定

障害の程度は、左上下肢の関節可動域の制限及び関節運動筋力の著減又は半減のため、左上下肢で日常生活動作のほとんどが一人ではできない、又はできても非常に不自由な状態であり、「一上肢及び一下肢の機能に相当程度の障害を残すもの」で、併合判定参考表4号相当、併合判定参考表4号相当、また、「電話による会話は理解できるが、他人は理解できない状態にあるので、同表10号相当であり、これらを併合すると併合認定表4号となり、「日常生活が著しい制限を受けるか、又は日常生活に著しい制限を加えることを必要とする程度のもの」に該当すると認められるので、2級17号と認定される。

資料 障害年金・認定記載事例（診断書）

● 脳梗塞 ―付記 認定

脳内出血—オモテ

認定記載事例

様式第120号の3

本人「診療で確認」または「本人の申立て」のいずれかを、確認し聴取した年月日を○で囲み、その年月日を記入してください。

診　断　書　（肢体の障害用）

国民年金 厚生年金保険	
（フリガナ）氏名	○○○○
住所	住所地の郵便番号 ○○○-○○○○

生年月日　昭和・**平成**　23 年 6 月 22 日生（53歳）　性別　**男**・女

① 障害の原因となった傷病名　　脳内出血

② 傷病の発生年月日　　昭和・**平成**　12 年 10 月 16 日
　　　　　　　　　　　診療録で確認（12年10月16日）

③ ①のため初めて医師の診療を受けた日　　昭和・**平成**　12 年 10 月 16 日
　　　　　　　　　　　本人の申立て（　年　月　日）

④ 傷病の原因又は誘因　　高血圧
　初診年月日　昭和・平成　　　年　　月　　日

⑤ 既存障害　　なし

⑥ 既往症　　有 ・ 無 ・ 不明

⑦ 傷病が治った（症状が固定して治療の効果が期待できない状態を含む。）かどうか。
- 傷病が治っている場合……治った日　平成 14 年 4 月 18 日
- 傷病が治っていない場合……症状のよくなる見込　有 ・ 無 ・ 不明

⑧ 診断書作成医療機関における初診時所見
　初診年月日（昭和・**平成** 12 年 10 月 16 日）
　平成12年10月16日自宅で倒れ、同日、脳内血腫除去術施行。

⑨ 現在までの治療の内容、期間、経過、その他参考となる事項
　右片麻痺、右上下肢筋萎縮あり、リハビリ中（拘縮あり、関節可動域制限）

障害の状態（平成 14 年 4 月 18 日現症）

身長	170cm	血圧	最大	160 mmHg
体重	65kg		最小	90 mmHg

⑩ 計測

部位	手関節	前腕	肘関節	上腕	肩関節	リスフラン関節	ショパール関節	足関節	下腿	膝関節	大腿	股関節
右												
左												

⑪ 診療録　　診療回数　　年間　　回　　月平均　　回

（お願い）障害の状態は、診療録……

手（足）関節、手（足）指の切・離断の場合は、レントゲンフィルム画像を図示してください。

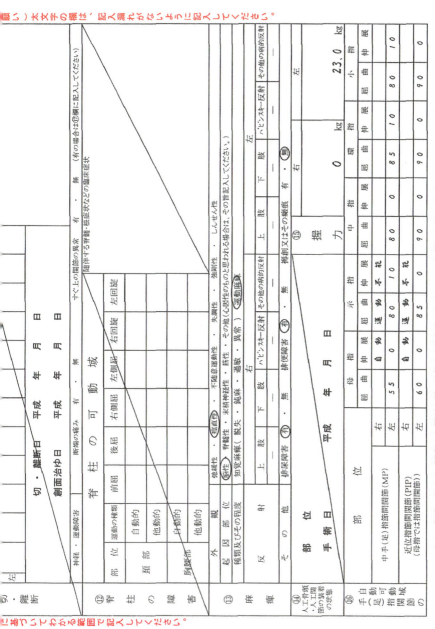

脳内出血—ウラ

認定記載例

障害の状態 （平成 14 年 4 月 18 日 現症）

⑰ 関節可動域及び運動筋力
（お願い）関節可動域は、健側についても記入してください。

> 別の理由により
> 節が2ヶ所
> かつ、
> 1は肘関節位
> 2は腕関節位

部位	運動の種類	右 関節可動域（角度） 強直肢位	右 自動可動域	右 他動可動域	右 関節運動筋力 正常	半減	著減	消失	左 関節可動域（角度） 強直肢位	左 自動可動域	左 他動可動域	左 関節運動筋力 正常	半減	著減	消失
肩関節	屈曲							○							
	伸展							○							
	内転							○							
	外転							○							
肘関節	屈曲							○							
	伸展							○							
手関節	背屈							○							
	掌屈							○							
股関節	屈曲							○							
	伸展							○							
	内転							○							
	外転							○							
膝関節	屈曲							○							
	伸展							○							
足関節	背屈							○							
	底屈							○							

自 動 運 動 不 能　　　正 常

⑱ 四肢長及び四肢囲

	上肢長	上腕囲	前腕囲	下肢長	大腿囲	下腿囲
右	51.0cm	24.8cm	23.0cm	77.0cm	33.0cm	28.8cm
左	51.0cm	28.0cm	23.4cm	77.0cm	34.6cm	29.4cm

該当する記号を下欄に記入してください。
一人でうまくできる場合には……「○」
一人でできてもややぎこちない場合には「○△」
一人でできるが不自由な場合には「△×」
一人で全くできない場合には「×」

⑲ 日常生活動作

補助用具を使用しない状態で判断してください。

日常生活動作	右	左
a つまむ（新聞紙が引き抜けない程度）	×	×
b 握る（丸めた週刊誌が引き抜けない程度）	×	両手
c タオルを絞る（水を含ませる程度）	×	両手
d ひもを結ぶ	×	×
e さじで食事をする	○	○

日常生活動作	右	左
m 片足で立つ	○	○
n 座る（正座・横すわり・あぐら・脚を投げ出し このうちどれかの姿勢を持続する）		×
o 深くおじぎ（最敬礼）をする		×
p 歩く（屋内）	△×	×

資料 障害年金・認定記載事例《診断書》　●脳内出血―ウラ

作の障害の程度		ア	イ	ウ	（エ）
f	顔を洗う（顔に手のひらをつける）		×	○	×
g	用便の処置をする（ズボンの前のところに手をやる）			○	
h	用便の処置をする（尻のところに手をやる）			○	
i	上衣の着脱（かぶりシャツを着て脱ぐ）	両手			×
j	上衣の着脱（ワイシャツを着てボタンをとめる）	両手			×
k	ズボンの着脱（どのような姿勢でもよい）	両手			×
l	靴下を履く（どのような姿勢でもよい）	両手			×

		ア	イ	ウ	（エ）
q	歩く（屋外）	支持なしでできる	支持があればできる	手すりがあればできるが非常に不自由	支持があってもできないるかや非常に不自由
r	立ち上がる	支持なしでできる	支持があればできる	手すりがあればできるが非常に不自由	支持があってもできないるかや非常に不自由
s	階段を登る	手すりなしでできる	手すりがあればできる	手すりがあってもできるが非常に不自由	手すりがあってもできない
t	階段を降りる	手すりなしでできる	手すりがあればできる	手すりがあってもできるが非常に不自由	手すりがあってもできない

⑲ 平衡機能

補助用具
1 上肢補装具（　　）　2 下肢補装具（　　）
3 杖　4 松葉杖
⑤ 車椅子　6 歩行車
7 その他
　具体的に（　　　　）

平衡機能
1 閉眼での起立・立位保持の状態
　ア 可能である。
　イ 不安定である。
　ウ 不可能である。
2 開眼での直線の10m歩行の状態
　ア まっすぐ歩き通す。
　イ 多少転倒しそうになったりよろめいたりするがどうにか10m歩き通す。
　ウ 転倒あるいは著しくよろめいて、歩行を中断せざるを得ない。

補助用具使用状況
　⑦ 常時（起床より就寝まで）使用
　イ ときどき使用
　ウ 使用せず

3 自覚症状・他覚所見及び検査所見
　左記の使用状況について、くわしく記入してください。

⑳ その他の精神・身体の障害の状態

言語障害がある場合は該当するものを1つ○で囲んでください。

会話状態
1 日常会話が概ね聞いても理解できる。
2 電話による会話が実際は理解できるが、他人は理解できない。
3 日常会話が実際は理解できるが、他人は理解できない。
④ 日常会話が概ね聞いても理解できない。

㉒ 現症時の日常生活活動能力及び労働能力（必ず記入してください。）
（補助用具を使用しない状態で判断してください。）
自立全く不能、労働能力なし

㉓ 予後（必ず記入してください。）
症状固定

㉔ 備考

上記のとおり、診断します。　　　平成 14 年 4 月 18 日

病院又は診療所の名称　○○病院
所在地　○○県○○市○○

診療担当科名　整形外科
医師氏名　○○○○　㊞

（付 記）

○ 本例は、初診日が平成12年10月16日」であるので、障害認定日は1年6月後の平成14年4月16日となる。この診断書の状態は、平成14年4月18現症のもので、障害認定日以降3月以内の診断書であるので、障害認定日の障害の状態はこれで確認できる。

○ 傷病名は、「脳内出血」であるので、⑬、⑮、⑯、⑰、⑲、⑳、㉑、㉒、㉓欄は必ず記載されていなければばらない。

■認定

障害の程度は、右上下肢の自動運動が不能であり、かつ、関節運動筋力が消失のため、右上下肢については日常生活動作のすべてが一人ではまったくできない状態にあり、「一上肢及び一下肢の用を全く廃したもの」に該当し、併合判定参考表1号相当、また、「日常会話が誰が聞いても理解できない状態にあるので、同表2号相当であり、これらを併合すると障害認定表1号となることから、「日常生活の用を弁ずることを不能ならしめる程度のものJの1に該当するものと併合認定表1号と認定される。これを同表ならしめる程度と認められるので、1級11号と認定される。

資料 障害年金・認定記載事例（診断書）

● **脳内出血**—付記 認定

✤ おわりに

　「最近は厳しいからねえ」「国が決めることだから、たぶん無理だと思うよ」という言葉をドクターからよくお聞きします。障害年金の支給決定のことです。たしかに認定にはハードルがありますが、日本年金機構の認定診査医員は理由なく不支給にすることはありません。法律や基準に則って診査をしているので、不支給になったときは、提出した書類のなかにダメだった理由が必ずあります（納得できない理由のこともありますが……）。

　ご本人の病態が本当に軽くて認められないのなら仕方ないのですが、書類の問題で障害年金が認められないケースがたくさんあるのは残念なことです。

　一例をご紹介します。統合失調症のＡさんから障害年金の不支給決定通知書が届いたとの相談があり、ご本人とお母様、主治医、社労士（私）の４人で話し合いの場をもちました。「Ａさんは障害年金を受けるべきだと思うんだけど、なんでダメなのかなあ」と話されるドクター。そこで診断書を覗いてみると、（あらら、こりゃダメだ、通るはずがない）と一瞬でわかってしまう内容。選択式の「日常生活活動能力の判定（７項目）」があまりにも楽観的な内容で、平均点の 1.4 はどうひっくり返っても障害年金が認められる点数ではありません。そのことをドクターに遠慮がちに伝えると、「えーっ！ あんなに文章で訴えたのに」と落胆しきりでした。

　ドクターは、Ａさんから家での状況をしっかり聴き取り、気持ちも尊重して７項目を記入されていました。しかし、そこには問題がありました。「Ａさんに病識がなかった」ことです。統合失調症の症状である幻覚・幻聴を本人は幻とは思っておらず、しっかり生活ができていると思っている。そのことが障害の状態が適正に反映されない点

数として表れてしまったのです。現実には、Aさんは被害妄想の激しさから隣人とトラブルをよく起こす、パニックからパトカーを呼ぶ、幻覚の虫が見えて大騒ぎになる、衣食住は高齢の母が全面的にサポートしているなど、多くの障害を抱えていました。ドクターもそのことは文章でびっしり書き込まれていました。

　残念な結果を前にして、私はドクターと話し合いました。そして、等級判定ガイドラインに「診断書等に記載される他の要素も含めて総合的に評価される」と書かれていること、診断書の注意事項に「一人暮らしを想定して」と書かれていることをふまえ、実態に即した新たな診断書を作成いただきました。その結果、Aさんは障害基礎年金2級に認定されました。

　認定診査医員は、患者自身を診察することができません。医学的情報は、診断書の内容がすべてです。診断書のどこがポイントなのかは等級判定ガイドラインや診断書記載要領には詳細に示されています。しかし、それらはとても量が多く、内容も専門的です。本書では、障害年金を請求されるご本人やご家族にわかりやすいよう、ポイントに絞ってコンパクトにまとめさせていただきました。

　Aさんのように、病状は重いのに書類の不備で障害年金が認められない方が一人でも減ることを祈っています。この本を最後までお読みいただき、本当にありがとうございました。

　中央法規出版の柳川正賢さん、みんなねっとの小幡恭弘さん、そして今回も共著できた社会保険労務士の白石美佐子さんに心から感謝しています。

2019 年 7 月　社会保険労務士　中川洋子

著者紹介

白石美佐子 しらいし・みさこ

社会保険労務士。愛知県在住。白石社会保険労務士事務所所長、NPO法人愛知県精神障害者家族会連合会顧問。

銀行員を経て、2008年に社会保険労務士事務所を開設。総務省年金記録第三者委員会や社会保険事務所での経験を活かし、障害年金専門の社労士として活動。全国から毎年1000件近い相談が寄せられ、代理件数は累計1500件を超える。障害年金の普及や制度改善への活動にも力を注ぎ、患者や医師、家族会からの信頼も篤い。セミナー講師としても全国で活躍中。

著書:『障害年金というヒント』(共著)三五館、『障害年金というチャンス!』(共著)三五館、『マンガでわかる! 障害年金』(共著)日本評論社　ほか

❁ **白石社会保険労務士事務所**
　https://www.sharoshi-office.com/
　〒446-0059 愛知県安城市三河安城本町2-1-10 カガヤキスクエア605

中川洋子 なかがわ・ようこ

社会保険労務士。岡山県在住。年金サポートなかがわ事務所所長、株式会社Oneself取締役。

キャビンアテンダントを経て、2008年に社会保険労務士事務所を開設。障害年金の手続き代行を全国から受ける傍ら、障害者の社会復帰を応援し、社会保険の立場から就労支援にも取り組む。各種のセミナーを手掛ける株式会社Oneselfを運営し、一般や専門職向けに障害年金セミナーも開催。講師実績は600回を超える。

著書:『障害年金というヒント』(共著)三五館、『障害年金というチャンス!』(共著)三五館、『マンガでわかる! 障害年金』(共著)日本評論社　ほか

❁ **年金サポートなかがわ事務所**
　http://nenkinsmile.xsrv.jp/
　〒703-8256 岡山県岡山市中区浜604-3 トラストビル401号

監修

公益社団法人全国精神保健福祉会連合会

2007年、特定非営利活動法人として発足。精神障害者とその家族の自立と社会参加の促進を目的とし、社会啓発活動や広報活動、相談支援、精神障害に関する調査研究・施策提言を活動内容としている。会員は都道府県連合会と個人・団体賛助会員で構成。精神障害者の家族会は全国に約1200あり、約3万人が所属している。機関誌「月刊みんなねっと」を発行。

あなたの障害年金は
診断書で決まる！

2019年8月26日　初版第1刷発行
2022年7月19日　第2版第1刷発行

- 著　　者　白石美佐子、中川洋子
- 監修者　公益社団法人全国精神保健福祉会連合会
- 発行者　荘村明彦
- 発行所　中央法規出版株式会社
　　　　　〒110-0016　東京都台東区台東3-29-1　中央法規ビル
　　　　　TEL03-6387-3196
　　　　　https://www.chuohoki.co.jp/

- デザイン　甲賀友章（Magic-room Boys）
- DTP　　　有限会社大関商会
- 印刷・製本　株式会社日本制作センター

定価はカバーに表示してあります。

ISBN978-4-8058-5940-7

本書のコピー、スキャン、デジタル化等の無断複製は、著作権法上での例外を除き禁
じられています。また、本書を代行業者等の第三者に依頼してコピー、スキャン、デジ
タル化することは、たとえ個人や家庭内での利用であっても著作権法違反です。
落丁本・乱丁本はお取替えいたします。